KB206586

선수를 깨우는 코치의 말

이 책이 세상에 나올 수 있도록 도움 주신
코치님들께 감사드립니다.

송지만 이도형 김병준 윤희상 김정록 허문회 이윤정 조세민 최종환
김병곤 이종열 이제우 윤형준 최원제 남민우 박보영 서영원 윤창식 강병식
이대수 허용 김동욱 스티브 홍 최금강 이영미 모리바야시 다카히코
사사키 마코토 피터 칼린도 데릭 존슨 톰 하우스 덕 래타 짐 리차드슨

선수를 깨우는
코치의 말

코치라운드

최승표 지음

이태일 프레인 스포티즌 COO / 전 NC 다이노스 대표

우리말은 어렵다. 조상님들에 대한 불경죄를 각오하고 이야기하면 상황에 맞는 다른 표현을 지나치게 구분해서 기준을 삼아 놓으신 것 같다는 느낌을 갖는다. '누리끼리하다' 같은 색깔 표현이나 '뜨뜻미지근하다' 같은 온도 표현은 아마도 세계 최강 아닌가 싶고, 내 좁은 식견으로는 '자리에 어울리는 말'의 기준도 그때그때 다른 것 같다. 그래서 나에게는 요즘 들어 이전에 비해 자주 보이는 우리말 잘하는 외국인이 정말 신기하다. 문자도 그렇다. 세종대왕님께 외람되게 한 말씀 드리면 "말을 조심하라"는 뜻의 "아 다르고 어 다르다"는 말은 문자 발명가에게는 칭찬이 아닐 수도 있다는 거다. (그만큼 말과 글이 어렵고 정교하다는 뜻이리라)

이렇게 쉽지 않은 우리말을 가지고 외국에서 온 스.포.츠.를 소재로 대화를 한다? 무언가 한꺼풀 더 벗

겨야 먹을 수 있는 요리인 셈이다. 용어의 문제도 있지만, 그 어휘와 뉘앙스 등에는 문화의 차이가 보이지 않게 담겨 있고 그걸 우리 말로 전달해야 하니까. 그런데 그 대화를 코치와 선수가 주고 받는다? 이건 '존대'와 '하대'라는 우리 특유의 문화적 말투가 또 필요하다. 코치는 선수의 이름을 부르고, 선수는 코치 뒤에 '님'을 붙이는 것부터가 그 '다름'의 옵션이다. 말에도 색깔과 온도가 있는데, 스포츠 코칭 현장의 언어야말로 그 총천연색이 표현되고 구분되어 오고가야 제대로 소통이 가능할 것 아닌가.

그런 점에서 코칭 언어나 그 대화를 주제로 삼는 연구나 책의 등장은 두 팔 벌려 환영할 일이다. NC 다이노스 프런트는 초기에 구단 직원은 선수단에게 이름만 부르지 않고 이름 뒤에 꼭 '선수'라는 호칭을 붙여 부르는 문화를 만들었다. 일단 선수라는 대상과 그를 상대하는 관계의 개념을 바꾸어야 문화가 바뀌고, 문화가 바뀌어야 기존보다 합리적으로 소통할 수 있다는 기대에서 만든 문화다. '선수를 깨우는 코치의 말'이라는 테마를 갖고 있는 이 책은 우리가 가진 스포츠 안의 불합리한 소통의 문화를 깨우고 거기에서 벗어날 수 있는 길을 안내해주는 길잡이다. 현장에서의 기능적 성장보다 그 관계와 문화를 바꾸는 본질적인 변화의 시도다. 이런 빛나는 노력이 밀알이 되어 훗날 풍성한 그늘을 만드는 큰 나무로 자라나기를 소망한다. 모두가 소통, 소통, 소통을 외치는 시대 아닌가.

전용배 단국대학교 스포츠경영학과 교수

오랜 시간 코칭 관련 교육과 출판 작업을 해온 최승표 대표가 온전히 자기 언어로 코칭 패러다임의 전환을 역설한 책이다. 저자는 한 때 경찰이었지만 일방적 지시에 의한 상하관계에 회의를 품고 다른 직업을 선택한 사람이다. 우연히 아들이 야구를 시작하게 되었고, 관료 사회와 같은 우리 스포츠계의 일방적인 코칭 문화에 의문을 품었다. 이후 그는 이 분야에 오랜 세월 천착했다. 코치라운드와 학부모 카페를 10년 이상 운영하며, 수많은 선진국의 코칭 이론과 사례를 국내 환경에 맞게 소개하고 제작했다. 그가 지금까지 소개한 양질의 코칭 콘텐츠는 타의 추종을 불허한다. 이 책은 왜 그가 이 길로 들어섰는지를 보여주는 근원적 뿌리다. 오랜 세월 나부터 그에게 배웠다.

김병곤 STS LAB 대표

모든 스포츠는 단순히 체력과 기술로만 승부가 결정되지 않는다. 경기장에서의 순간적인 판단력과 전략적 사고가 승부를 가르곤 하는데, 안타깝게도 그 순간에는 코치나 트레이너가 간섭해 도움을 줄 수 없는 경우가 대부분이다. 『선수를 깨우는 코치의 말』에는 선수가 경기 중에 스스로 생각하고 판단하는 능력을 키우기 위해 코치가 어떤 도움을 줄 수 있는지 이야기하고 있다. 이 책에 소개된 개념들과 구체적인 사례를 저마다의 종목에 맞게 적절히 응용하면 선수의 경기력이 한 차원 더 도약하리라 생각한다. 스포츠를 단순히 신체의 차원을 넘어 지적 도전으로 끌어올리고 싶은 모든 선수와 코치들에게 이 책을 추천한다.

김화섭 법무법인 공신 대표변호사

'코치라운드'를 운영하고 있는 최승표 대표는 알면 알수록 그 정체를 알기 어렵다. 학교 선후배의 인연으로 20년 넘게 만나고 있지만 뭘 하는지, '밥은 먹고' 사는지 모르겠다. 홈페이지에 보면 '2014년부터 선수의 성장을 위해 먼저 자기 자신을 성장시키고자 하는 코치분들을 돕기 위해' 코치라운드를 운영하고 있다고 적혀 있지만 내게는 엉뚱하기만 하다.

우리는 주로 말도 안 되는 말이 세간에 떠돌 때, 그 말도 안되는 말에 함께 '분노'하면서 '말'에 대해서 말을 했다. 말이라고 다 말이 아님을, 말이 가지는 폭력성을, 자신을 방어하기 위해 상대방을 평가하는 비겁함을, 모호한 부사(副詞)로 자신의 무능을 포장하는 거짓을 이야기했다. 가정, 학교, 직장 모든 곳에서 일상적으로 일어나고 있음을 확인했고, 그 때마다 술값은 올라갔다. 이 책을 쓰게 된 가장 큰 동기가 비폭력대화 톡앤톡 이윤정 대표와의 대화였다는 저자의 말이 이해가 되는 이유이기도 하다. 저자의 정체는 알기 어렵지만, '말의 가치'에 대해 누구보다 관심이 크다는 사실 만큼은 분명하다.

코치의 역할이 (선수에게 코치의 능력을 보여주는 것이 아니라) 선수 개인이 스스로 목표를 설정하고 달성할 수 있도록 도와주며, 개인의 잠재력을 최대한 끌어내는 것이라면 이 책의 내용은 지극히 당연하고도 쉽다. 그러나 실행하기가 어렵다. 어려울 뿐만 아니라 코치의 '가르침' 보다는 선수의 '배움'에 초점을 맞추어야 한다는 대목에서는 '현타'가 와서 쥐구멍이라도 찾고 싶어진다. (이 책

초고를 읽는 내내 아이들에게, 의뢰인들에게 부끄럽고 미안했다.) 이 점에서 '선수를 깨우는' 코치의 말은 곧 '코치를 깨우는' 말이기도 하다.

코치는 부모로, 선생으로, 상사로, 선수는 자녀로, 학생으로, 부하로 대체 가능하며, 동료 사이로도 확장가능하다. 이 책은 가정에서, 학교에서, 직장에서, 특히 운동장에서 개인이 존중받는 말이 무엇인지 '고민'하게 하는 데 기여할 것이다.

신동윤 데이터인플레이 대표

투수가 손가락을 벌려서 딘졌다. 스플리터일까? 투수는 이 공이 스플리터라고 믿는다. 하지만 어떤 공은 의도한 만큼 떨어지지 않는다. 안타를 맞으면 투수는 스플리터가 맞았다고 생각한다. 반복되면 스플리터 사용을 주저하게 된다. 야구에서 구종은 '던진 투수가 제일 잘 안다'가 오랜 상식이었다. 그런데 손가락을 벌려서 던졌지만 떨어지지 않은 공을 상대한 타자는 스플리터가 아니라 체인지업이라고 '느낀다.' 얻어맞은 공은 체인지업일까 스플리터일까?

볼트레킹 데이터에 기반한다면 이 공은 스플리터가

아니라 체인지업이다. 투수의 의도가 무엇이었든 이 공은 체인지업처럼 움직였고 이 투구 결과를 지배한 것은 투수의 의도가 아니라 실제 공의 움직임이었기 때문이다. 그렇다면 투수는 스플리터 사용 비중을 줄일 게 아니라 스플리터가 좋았을 때처럼 잘 떨어지게 딜리버리를 조정해야 한다. 이런 것이 볼트레킹 데이터라는 '분석의 언어'가 만든 가능성이었다.

그런데 어떻게 해야 스플리터가 잘 떨어질까? 예를 들어 평균 익스텐션이 190cm인데 185cm일 때 스플리터가 더 잘 떨어졌고 타자 상대의 결과도 좋았다. 빙고. 5cm 더 짧은 익스텐션을 만들면 된다. 그런데 어떻게? 마운드에 자를 들고 올라가야 하나? 여기 어디쯤에서 분석의 언어는 벽에 부딪힌다. 플레이는 결국 선수 몸에 대한 자기 느낌에서 시작되기 때문이다. 손목, 팔꿈치를 움직이는 작은 차이, 때로는 어떤 손가락에 힘을 더 주거나 빼는 차이가 희한하게도 익스텐션의 변화와 그로 인한 공의 움직임 차이를 만들어낸다. 그렇다면 어떻게 해야 선수가 그 느낌을 더 빨리 찾아낼까? 익스텐션을 5cm 줄이면 스플리터는 떨어진다. 이것은 아마 정답이다. 그런데 어떻게 하면 '그렇게 되게' 할 수 있을까? 목표하는 변화를 표현하는 말과 그 변화를 일으키는 말은 서로 다르다. '코칭의 언어'가 다양한 사례를 통해 다루는 것이 그 차이다.

이용훈 NC 다이노스 코치

책을 읽으며 스스로에게 계속 자문하게 된다. 나는 코치로서 선수들에게 얼마나 많은 질문을 했던가? 또한 나 자신에게는? 질문을 던지는 데는 무관심한 채 자꾸 답을 찾으려 했던 나 자신을 돌아보게 되었다.

인간적인 이해와 소통이 코칭이 가진 본질적인 힘이며, 선수를 변화시키는 예술의 경지와 맞닿아 있다고 말하는 저자의 깊은 통찰력을 느낀다. 자각을 통한 성장! 스포츠 현장뿐만 아니라 모든 분야에 적용될 수 있는 이 개념을 재밌는 사례들을 곁들여 풀어놓은 이 책은 누군가의 변화와 성장을 돕고 싶은 모든 사람들에게 좋은 길잡이가 되리라 믿는다.

이윤정 국제평화단체 CNVC 국제공인트레이너 / 비폭력대화 톡앤톡 대표

강의를 한지 25년이 되었다. 그동안 진행한 강의나 워크숍이 적어도 5천 번은 넘었으니 만난 사람들

의 수도 헤아리기가 어렵다. '사람이 온다는 건 실은 어마어마한 일이다. 한 사람의 일생이 오기 때문이다'라는 정현종 시인의 시구처럼 한 분 한 분의 인생 이야기를 듣다 보면 삶에 대한 경외감이 절로 생긴다. 무언가를 이루려고 하지 않아도, 애쓰지 않아도, '삶을 살아내고 있다는 것' 자체만으로 충분히 존귀하다는 깨달음도 얻는다. 대부분의 사람들은 자신의 말이 폭력적이라고 생각하지 못하지만, 수시로 우리의 대화는 비극적이고 폭력적으로 변한다. 특히 자신이 원하는 상황이 아닐 때 우리는 자신의 고통을 자기가 알고 있는 가장 모진 방법으로 표현하게 된다. 그 순간에 우리는 단절되고, 상대에 대한 존중은 잊어버린다. 최대한 극렬하게 표현해야 상대가 나의 고통을 이해할 거라는 착각에 더욱 혹독해진다.

승패가 확실한 스포츠계에서는 평가의 언어, 비난의 언어가 더 많을 수밖에 없다. 그러나 의식하고 개선해 나간다면 지난 상처도 회복할 수 있는 것이 말의 힘이다. 어린 시기에 누군가에게 들은 비난으로 인생 태도가 만들어지고 관계의 어려움으로 평생을 아파하지만, 반대로 언젠가 들은 응원과 지지가 어려움을 겪을 때마다 이겨내는 원천이 되기도 한다.

원고를 읽으면서 마치 내가 선수가 된 것 같았다. 비판과 질책으로 무기력해지기도 했지만 존중받고 공감받으면서 자신감이 생기기도 했다. 해도 소용없다는 생각이 들어서 우울하기도 했지만 중요한 사람이라는 확신에 마운드를 뛰는 걸음이 가볍기도 했다. 사례마다 코치님들의 언어로 동작을 하고 있는 내가 상상이 됐다. 그만큼 정교한 표현들이 많았다. 신뢰할 만한 이론과 현장에서 직접 보고 들은 사례들로 풀어낸 노하우, 실존 인물들의 인터뷰가 생동감을 주고 특히 책 전면에 배어있는 작가의 인간애가 돋보인다.

작가인 최승표 대표를 만난 것은 '기린부모학교'라는 1년 프로그램에서였다. 그 후로 선생님의 활동은 존경스러울 정도로 꾸준하고 진실하다. 책을 쓰는 내내 부끄러웠다고 하시지만 얼마나 긴 시간 공을 들이며 사람들을 만나셨는지 나는 안다. 사람에 대한 관심과 한결같은 태도를 나는 신뢰한다. 이 책이 코치님들께는 명료한 소통지침서가 되고, 선수들에게는 위로와 희망이 되기를 바란다. 책 발간을 축하하며 다음의 문장으로 추천의 말을 대신한다.

"당신이 하는 다음 말이 세상을 바꿉니다!"

김병준 EFT스포츠심리상담센터 대표

"그런 움직임을 할 때 몸의 감각은 어때?" 이 책에 등장하는 코치의 이러한 질문들은 평소 지시와 결과에만 집중하던 선수의 주의attention를 내부로 전환시키는 훌륭한 도구가 된다. 이는 더 나은 움직임을 위한 훈련이 될 뿐만 아니라 심리적인 측면에서도 선수의 감정 조절에 큰 도움이 된다. 몸에서 올라오는 느낌을 내가 어떻게 해석하고 감정으로 만들어내는지, 자동적으로 판단하는 무의식적 습관이 어디서 비롯되는지를 알아차리는 계기가 되기 때문이다.

최근 들어 스포츠 선수들의 멘탈 훈련에 명상이 많이 활용되고 있다. 명상은 여러 종류가 있지만 그 핵심은 '알아차림'이다. 호흡을 알아차리고, 몸의 감각을 알아차리고, 좋고 싫음의 판단을 알아차리는 것이 압박감의 순간에 평정심을 유지하는데 큰 도움이 된다. 이 책에서 선수의 자각을 돕는 코치의 질문들은 선수 스스로가 알아차림 훈련을 통해 명상적인 움직임을 하도록 도와주는 훌륭한 가이드가 될 수 있다. 단순히 훈련량이 부족하다고, 정신력이 약하다고 윽박지르기보다는 선수 스스로 무엇이 문제인지 알아차리는 과정 속에서 자기 주도적인 성장을 이룰 수 있기 때문이다. 코칭은 단순히 기술을 가르치는 것을 넘어 선수의 내면을 이해하고 잠재력을 이끌어내는 과정이다. 저자가 각 분야의 코치들을 만나며 쌓아온 통찰력이 잘 녹아 있는 이 책은 그 과정을 실천하는데 필요한 지혜와 도구를 제공한다. 책을 통해 코칭에 대한 새로운 시각과 접근법을 배울 수 있기를 희망한다.

류효상 야반도주 운영자

사람은 태어나서 서고, 걷고, 말을 하기까지 엄청난 시간이 걸린다. 그러나 우리 모두는 서고, 걷고, 뛰고, 말을 하는 것을 당연하게 받아들인다. 마치 처음부터 그랬던 것처럼 말이다. 그러다가 글자 앞에 '잘'이라는 부사를 붙이면 조금 다르게 생각한다. '잘' 걷는 것, '잘' 뛰는 것, '잘' 말하는 것은 전혀 다른 차원의 것이라고 익히 알고 있기 때문이다.

그저 걷는 것과 '잘' 걷는 것이 다르듯 '잘' 말하는 것은 쉽지 않은 일이다. 단순한 의사소통을 넘어서는 일이기 때문이다. 특히 다수의 사람에게 뜻을 전달한다는 것은 생각 이상으로 난이도가 높은 일이라는 사실을 우리는 모두 알고 있다.

이 책은 코치의 '말'에 대해서 다룬다. 우리가 안다고 느꼈던 것들을 그렇지 않다고 말한다. '집중해'라는 말이 선수들에게 정말 집중을 하게 할까부터, '잘' 하고 싶은 선수들에게 어떻게 말하는 것이 좋을지에 대해서 구체적인 사례를 들어 설명한다. 바뀌는 것은 쉽지 않다. 해온 것이 있기 때문이다. 특히 말하는 방법을 고치거나 새로 배운다는 것은 난이도가 매우 높은 일이다. 수십 년간 매일 매 순간 써왔기 때문이다. 말 한 마디에, 책 한 줄에 사람은 바뀌지 않는다. 사람이 바뀌는 것은 그 말을 들으려는 자세, 그 글을 읽어야 겠다는 마음가짐으로부터 시작한다.

글은 어렵고 말은 쉽다. 역설적이게도 그래서 말을 잘 하기 위해 이 책에 새겨진 글을 읽어보기를 권한다. 그 마음만으로도 변화는 시작됐다.

/ **김정록** 성남수진초등학교 야구부 감독

아이들을 지도하면서 종종 나 자신에게 물어보

곤 한다. "내가 놓치고 있는 게 뭐지?" 아이들이 기술, 멘탈, 언행 모든 면에서 프로 선수들처럼 하기를 기대하지는 않는다. 그럼에도 불구하고 하나라도 더 알려주고 싶은 게 지도자의 마음이다. 그런 마음이다 보니 가르쳐도 가르쳐도 뭔가 놓치고 있는 게 있는 것 같은 기분이 든다. 이 책 『선수를 깨우는 코치의 말』은 나의 그런 허전함을 채워주었다. 이 책을 읽으며 나는 막연하게 하던 고민을 보다 구체적으로 할 수 있었다. 다시 한 번 유소년 아이들을 가르치는 지도자로서 마음을 다잡을 수 있었다. 지도자에게 무조건 선수들을 맞추는 방식이 아니라 선수 개개인의 성장에 도움이 되는 방향으로 가기 위해 내가 무엇을 준비해야 하는지 그림을 그려볼 수 있었다. 당장 눈앞의 일시적인 효과를 바라고 지도할 것인지 앞으로의 먼 미래를 보면서 지도할 것인지 이 책을 읽는 분이라면 생각이 많이 바뀔 거라 생각한다.

이 책에는 현장에서 활용할 수 있는 '좋은 말들'이 재밌는 사례들과 함께 많이 소개되어 있다. 어쩌면 너무 지도를 안 하는 것이 아니냐는 말을 주변으로부터 들을 수도 있지만 그런 것은 중요하지 않다. 가장 중요한 건 나에게 배우고 있는 학생 선수들의 미래이기 때문이다.

차례

추천의 글 · 4

서문 그게 말이 돼? · 23

1장 ○ 너는 어때? · 39

어떻게 생각해? · 42 | 마침표와 물음표의 차이 · 47 | 너는 우리 팀에 중요한 선수야 · 50 | 선수의 말을 기억하기 · 54

○ 코치라운드 노트 : 거의 혼난 기억이 없다는 오타니의 어린 시절 · 58

2장 ○ 오늘 하고 싶은 게 뭐야? · 63

오늘 뭘 칠거야? · 66 | 질문으로 연습의 질을 높인다 · 72 | 무슨 문제 있어? · 76 | 그래? · 80

○ 코치라운드 노트 : 운동선수는 단순해야 한다는 말 · 83

3장 ○ 같은 말. 비슷한 동작. 다른 감각. · 87

코치의 세일즈 마인드 · 90 | 하나를 설명하기 위해 다섯 가지 다른 방식을 사용한다 · 95 | 코칭큐에 따라 달라지는 움직임 · 99 | 너희는 특수요원이다! · 105

○ 코치라운드 노트 : 부사가 동사를 지배하는 멘탈만능주의 문화 · 115

4장 ○ 선수의 자각을 돕는 코치의 말 · 119

노무라 노트에 숨겨진 의미 · 123 | 먼저 물어보고 보여준다 · 128| 말하기와 배움의 관계 · 130

○ 코치라운드 노트 : 꿈과 목표가 정말 미래를 만들까? · 135

5장 ○ 라켓 헤드가 어디에 있었어? · 145

지금 어땠어? · 147 | 나쁜 스윙은 없다. 오직 다른 스윙만 있을 뿐 · 152 | 알고 있니? · 156 | 무엇을 했는지 말해줄래? · 160 | 이것 말고 다른 방법은 없을까? · 161

○ 코치라운드 노트 : 단지 들어가지 않았을 뿐이다 · 164

6장 ○ 늘 집중하라는 말을 듣고 자란 결과 · 169

체력처럼 쓸 수록 고갈되는 집중력 · 173 | 집중 상태에서 벗어나도 뇌는 일을 하고 있다 · 178 | 쉬면 불안한 선수들 · 184 | 중요한 대회를 앞두고 찾아온 가족 · 188 | 잘하고 싶다면 때로는 벗어나자 · 191

○ 코치라운드 노트 : 투수 코치가 바꾼 나의 타격 · 198

7장 ○ 좋아! 아니지! · 203

코치의 세심한 관찰로 탄생한 마구 · 205 | 관찰의 적은 안다는 생각 · 210 | 코치의 관점을 바꿔주는 장점 차트 · 212 | 기대를 하면 야단을 치고 싶어진다 · 218

○ 코치라운드 노트 : 코치의 미안하다는 말 · 226

8장 ○ 너의 이름은? · 231

체력과 정신력 : 말의 한계에 갇힌 사고 · 235 | 감정이나 통증을 구체적으로 표현하기 · 240 | 메모와 코치의 감정 컨트롤 · 245 | 명보야! 밥 먹자! · 251

○ 코치라운드 노트 : 괜찮아! · 255

이야기를 마치며 말이 통하지 않아 더 잘 통했던 기억 · 263

그게 말이 돼?

수어장대(守禦將臺)

아내와 함께 남한산성을 올랐다. 올라가는 길에 '수
어장대 0.8km'라는 안내표지판이 보인다. 수.어.장.대?
나는 길을 걷거나 운전을 하다가 이정표에서 낯선 도시
이름이나 지명을 보면 무슨 뜻을 가진 이름인가 혼자 생
각해 보곤 한다. 떠오르는 한자를 이것저것 넣어가며 뜻
을 헤아려본다. 여기가 군대가 자리를 잡고 있던 산성이
었으니까 '대'는 높은 지대를 의미하는 '대(臺)'자를 썼을
것 같다. '어'는 왠지 임금 '어(禦)'자의 냄새(!)가 난다.
아. 그럼 지킬 '수(守)'자를 써서 임금을 지키는 곳이라는
뜻인가? 그렇게 짧은 혼자만의 생각놀이에 빠진 나의

의식은 헐떡거리는 숨과 함께 빠져나왔다. 수어장대에 도착하니 입구에 수어장대의 역사를 설명하는 글이 수려한 문장으로 안내되어 있다. 얼추 나의 해석이 맞았구나. 나는 혼자 괜한 뿌듯함과 쾌감을 느낀다.

　만화책 외에는 책읽기를 그다지 좋아하지 않았지만 이상하게도 한자가 수북하게 지면을 채운 신문을 읽는 것은 어릴 때부터 재미있었다. 지금은 아주 기초적인 한자도 쓰지 못할 정도로 한자에 대한 감각이 떨어져 있지만 초등학교 때는 한자사전으로 뜻을 뒤져가며 어른들이 보는 신문을 매일 들여다보던 기억이 난다. 한편으로는 내가 관심 있었던 것이 글이나 한자가 아니라 활자를 통해 만나는 학교 밖 미지의 세상이었는지도 모르겠다.

당시 나는 오후 3~4시 경에 집으로 배달되는 석간 동아일보를 봤다. 신문이 대문 안쪽으로 떨어지는 소리를 듣자마자 방에서 뛰쳐나가 신문을 집어들고 1면의 위아래를 훑어보던, 어떻게 보면 쓸데없이 조숙한 소년이었다. 집에 가도 함께 시간을 보내줄 부모님이 없었던 나는 그렇게 석간 신문을 읽으며 시간을 보내거나 친구들이랑 공놀이를 하며 해질녘까지 놀곤 했다.

열정과 간절함, 나도 가지고 싶다고!

젊은 시절에 꽤 오랜 시간 영업을 했다. 영업이라는 업무가 나의 기질에 맞는다는 생각은 하지 않았지만 상하관계가 보다 강력하게 작동하는 직장의 문화를 견디지 못했던 나의 성질을 생각하면 생계를 해결하기에 나쁘지 않은 선택이었다. 여러 상사를 겪었지만 그 중에 기억에 남는 임원이 있다. 그는 직원들이 모일 때마다 '열정'과 '간절함'과 '목표의식'을 부르짖었다. 그는 과거에 자신이 거둔 화려한 성과를 매일 새벽 웨이트를 하고 사우나에서 찬물 샤워를 하면서 다진 정신력의 산물로 굳게 믿고 있었다. 회의 때마다 성공한 임원의 상징과도 같은 반듯한 가르마를 타고 강렬한 몸짓으로 '라떼는' 시리즈를 토해냈다.

'너희들에게 나의 열정을 전염시키리라'는 그 임원의 기대와는 달리 나는 그가 얼굴을 붉히며 확신에 찬 표정으로 하는 이야기를 들을 때마다 잡생각 속으로 빠져들어갔다. 열정을 가지라는 당신의 말로 열정을 가질 수 있으면 얼마나 좋을까! 나는 그가 말하는 열정이 무엇인지 도무지 알 수 없었다. 도저히 실체가 잡히지 않는 존재를 내 것으로 만들 수는 없었다. 나도 이글이글 불타는 눈과 몸짓으로 목표를 향해 달려가는 열정을 가지고 싶다고! 열정을 가지라고 말만 하지 말고 어떻게 하면 열정을 가질 수 있는지 알려주면 안될까? 그렇게 딴생각을 하며 고개를 숙이고 핸드폰질을 하다가 나는 수업시간에 딴짓을 하다 혼나는 초등학생처럼 회의실 밖으로 쫓겨났다. 와우! 브라보!!! 나는 한증막에 30분 동안 갇혀 있다가 탈출한 사람처럼 속으로 만세를 불렀다. 미팅이 끝나고 나의 직속 상사가 웃으면서 나에게 다가왔다. "도저히 못참겠드나?" 나는 그 말이 고마웠다.

앞다리가 자꾸 주저앉잖아!

코치가 선수에게 같은 말을 반복하고 있는 모습이 보인다. "팔이 먼저 나오잖아! 허리가 먼저 돌아야 한다니까!" 자신의 주문대로 움직이지 못하는 선수를 보며 코치의 목소리는 점점 커진다. 누가 봐도 못마땅해 보이는 코치의 짜증섞인 말과 표정을 보며 선수의 몸은 더욱 경직된다. 선수를 잘 지도하고 싶다는 코치의 마음과 코치의 말을 잘 따르고 싶은 선수의 마음은 만나지 못하고 스쳐 지나가기를 반복한다. 김건모의 노래 '잘못된 만남'의 가사가 떠오른다. 그런. 만남이. 어디서부터. 잘못됐는지. 코치도 답답하겠다는 생각이 들면서 문득 이런 의문이 생긴다. 선수도 코치의 말대로 하고 싶은데 못하고 있는 거라면? 허리를 먼저 돌리고 싶어도 그럴 수 없는 사정이 있는 거라면? '팔이 먼저 나오면 안 된다'고 말하지 않고 팔이 먼저 나오지 않게 하는 방법은 없을까?

꼭 살아서 나가야 해!

한 점 차로 지고 있는 경기. 마지막 이닝의 타석에 들어서는 선수에게 덕아웃에서 외치는 소리가 들린다. 나는 이 말이 선수에게 어떤 느낌으로 다가올지 상상해 본다. 꼭 살아서 나가야 한다는 것은 선수도 잘 알고 있다. 자신이 무엇을 해야 하는지를 잘 알고 있는 사람에게 그것을 다시 강조하는 말. 그 말은 선수의 마음에 어떤 파도를 일으킬까? 오히려 나름대로 애써 가다듬은 평정심이 흐트러지는 것은 아닐까? 모호한 결의의 말보다 선수가 타석에서 집중하면 좋은 구체적인 정보를 하나 전달하는 게 낫지 않을까? 아닌가. 그냥 아무 말도 하지 않는 것이 나으려나?

언젠가는 호크아이나 트랙맨처럼 경기장에서 선수에게 입력되는 말도 데이터로 수집되어 그 가치를 하나하나 분석할 수 있는 날이 오지 않을까? 그냥 하던 대로 하면 돼. 이 말은 WARV[1]가 1.2. 중요한 경기니까 절대로 실수해서는 안돼! 이 말은 WARV가 -0.7. 실제로 수업 중에 교사가 하는 말을 녹음하고 분석해 학생들의 이해를 돕는 질문을 적절한 타이밍에 올바른 방식으로 던졌는지, 얼마나 쉬운 표현을 사용해 주제에 대해 설명했

---

[1] 대체 단어 대비 승리기여도Wins Above Replacement Vocabulary. 실제로 존재하는 지표가 아닌 지은이가 상상 속에서 만든 지표

는지 등을 알려주는, 교사를 위한 AI 코칭 프로그램이 등장하고 있다. 미국과 유럽에서는 그러한 코칭 도구를 이용해 자신의 수업을 돌아보고 개선하려는 교사들이 조금씩 늘어나고 있다고 한다. 말의 가치가 객관적으로 측정되는 세상이 어쩌면 이미 와 있을 수도 있다.

공을 끝까지 봐야지!

바깥쪽으로 휘어져 나가는 공에 자세가 무너지며 헛스윙을 하자 관중석에 있던 친한 학부모 한 명이 이렇게 탄식을 하며 아쉬워한다. 그 말을 듣고 나는 "공을 끝까지 보면 삼진인데요?" 하고 대꾸를 하며 장난을 친다. 시끄러우니까 꺼지라는 소리를 들어도 나는 굴하지 않는다. 타자가 포수 미트에 공이 들어갈 때까지 계속 공을 쳐다보는 모습을 흉내내며 옆에서 계속 장난을 친다. "자. 봐요. 이렇게 공을 끝까지 보면 삼진이라구욧!"

처음 들었을 때부터 정말? 하는 의문이 들었던 말이다. 이렇게 공을 끝까지 볼 수가 있지? 말 그대로라면 공을 끝까지 본다는 것은 포수의 미트에 들어갈 때까지 시선을 공에 맞추고 있다는 건데 그럼 배트로 공을 언제 때리나? 때릴 수가 없잖아! 물리적으로 그렇잖아! 실제 일어나는 현상을 제대로 표현하지 못하는 말을 들으면 답답함을 느끼는 나에게 '공을 끝까지 보라'는 야구계의 오랜 잠언은 늘 의문의 대상이었다.

하지만 지금은 이 말을 어느 정도는 이해한다. 아니. 이해한다기 보다는 완전히 잘못된 표현으로 여기지는 않는다고 말하는 게 적절하겠다. 공을 끝까지 보라는 말은 선수가 타석에서 의식적으로 해야 할 행동을 구체적으로 주문하는 말로는 부적절하지만, 무의식적인 차원에서 이루어져야 할 눈의 움직임을 표현한 말로는 쓰임새가 있다고 생각한다.

같은 말이라도 어느 관점에서 사용하느냐에 따라, 누가 언제 사용하느냐에 따라 쓰임새가 달라진다. 같은 말인데도 어느 때는 참이기도 하고, 어느 때는 거짓이 되기도 한다. 인간의 대부분의 움직임은 무의식의 차원에서 일어난다. 선수가 경기장에서 찰나의 순간에 만들어내는 동작과 기술 대부분도 마찬가지다. 반면 움직임을 언어로 묘사하는 것은 의식 차원의 일이다. 아주 단순한 동작조차도 그 움직임이 만들어지는 무의식적 메커니즘을 말로 표현하는 데는 한계가 있을 수밖에 없다. 공을 끝까지 본다는 말은 타자가 투수의 공을 보기 위해 눈을 어떻게 훈련해야 하는지를 가리키는 좋은 지침이다. 하지만 타석에 들어선 선수에게 이 말이 주입되면 눈을 올바로 사용하지 못하도록 방해할 가능성이 매우 높다.

집중!

집중 안 해? 농구 중계를 보고 있는데 평범한 패스를 놓치자 벤치에서 작전타임을 부른다. 감독의 불호령이 떨어진다. 집중하라는 감독의 말을 듣고 나의 머리 위에는 또 하나의 물음표가 솟아오른다. 정말 경기에 제대로 집중하지 않아서 패스를 놓친건가? 그걸 어떻게 알지? 아까 자유투를 놓쳤을 때도 집중하라고 하던데, 그렇게 단순하게 집중력 부족으로 이유를 돌리면서 선수가 실수를 한 진짜 이유를 찾을 기회를 놓치는 것은 아닌가? 혹시 저 감독은 이유를 몰라서 계속해서 집중력을 말하는 건 아닐까?

중요한 순간이 되면 제일 먼저 코치의 입에서 나오는 주문도 대개는 '집중'이다. 승부를 결정짓는 중요한 순간에 선수의 몸과 마음에 입력하는 신호로 '집중'이라는 단어는 적합한가? 두산 베어스의 베테랑 내야수 허경민 선수의 얼마 전 인터뷰가 떠오른다. 그는 '대충' 치라는 이영수 코치님의 조언이 타격감을 되찾는데 많은 도움이 되었다고 말했다[2]. 그래. '대충'이 '집중'보다 나을 때도 있지 않을까?

긴장하지 마!

이 말도 중요한 경기나 결정적인 플레이를 앞에 두고 선수에게 건네는 대표적인 주문이다. 들을 때마다 나를 생각놀이에 빠져 들게 만드는 말이다. 긴장하지 말라는 말은 실제 선수의 긴장을 없애거나 줄여주는데 도움이 될까? 그보다 먼저 드는 근본적인 의문이 있다! 인간이 긴장되는 상황에서 긴장을 하지 않을 수 있을까? 긴장하지 말라는 말 대신 긴장 속에서도 무엇을 해야 하는지 알려주는 것이 바로 그 순간 필요한 작업이 아닐까? 그 말을 듣는 순간, 긴장하고 있는 자기 자신을 문제가 있다고 여기고 굳이 하지 않아도 되는 자신과의 싸움을 하게 되는 것은 아닐까? 나는 긴장하지 말라는 말을 들을 때마다 이 말이 떠오른다. "코끼리를 생각하지 마!"

---

2   엑스포츠뉴스 2024년 7월 14일 기사 "꼭 써주세요, 이영수 코치님께 감사하다고"…'불방망이' 허경민, 무슨 조언 들었길래 [현장 인터뷰]

기본기가 중요해

세상에는 너무 자주 듣다 보니 정확히 무엇을 의미하는지 가물가물해지는 말들이 있다. 나에게는 "기본기가 중요해." 이런 말이 그런 느낌으로 다가온다. 코치분들과 모여 어떤 주제를 가지고 이야기를 나누어도 이 말은 빠지지 않고 등장한다. 나는 언제부터인가 이 말을 가급적 하지 말아달라고 모임에 참석한 코치분들께 부탁한다. 이 말이 중요하지 않다고 생각하기 때문이 아니다. 오히려 너무 중요하고 당연한 말이기 때문에 그렇다.

정말 중요한 메시지가 습관적으로 반복되면 말의 전달력과 영향력이 흐릿해진다. 술담배를 하지 말라는 의사의 말도 그렇고, 좋은 습관이 중요하다는 어른들의 말이 그렇다. 우리는 모두 이 말들이 거짓 없는 사실에 가까우며 우리의 삶에 큰 도움을 주는 조언이라는 것을 알고 있지만 고개를 끄덕일 뿐 마음 깊숙하게 받아들이지는 않는다. 너무 익숙해져서 서로의 생각과 관심사에 대해 점점 무심해지는 가족들처럼.

코치들의 모임에서 한참 뜨거운 토론이 이어지다가 이 말이 등장하는 순간! 토론의 열기가 차갑게 식는 경험을 자주 했다. 각자의 생각이 치열하게 공방을 벌이며 뜨거워진 공기가 이 말의 등장과 함께 순식간에 썰렁해졌다. 마치 조직의 보스가 '이렇게 정리했으니 이제 더 이상 떠들지마!'라고 마무리하는 듯한 분위기! 건강 세미나를 하고 있는데 '술담배를 해서는 안됩니다. 올바른 식습관이 중요합니다.'라는 말이 5분에 한 번씩 나온다고 상상해 보자. 개인은 물론 집단 차원의 깊이 있는 탐구가 이루어지려면 오래도록 진리와 상식이라고 들어온 말들을 주의깊게 사용할 필요가 있다.

나는 코치분들과 약간의 친분이 생기면 조심스레 물어보곤 한다. 피칭의 기본기는 무엇인가요? 수비의 기본기는요? 타격은요? 기본기에 대한 코치들의 생각은 저마다 조금씩 다르다. 어떤 코치는 운동능력에 초점을 맞춰 기본기를 말하고, 어떤 코치는 몇 가지 기초적인 동작과 움직임으로 기본기를 정의한다. 어떤 종목에 요구되는 운동기술을 잘 수행하기 위한 기본기는 무엇이고 그 기본기를 마스터하기 위해서는 무엇을 연습해야 하는가? 하체를 잘 활용하려면 어떤 메커니즘이 작동해야 하고 그것을 나이대별로 어떻게 훈련시킬 것인가? 기본기가 중요해, 하체가 중요해, 이런 말을 가급적 쓰지 않으면서 구체적인 질문에 하나씩 답을 찾아나가면 좋겠다. 당연하게 여기는 것, 중요하다고 믿는 것의 이면에 무엇이 있는지 들여다보려는 태도야말로 코치의 기본기가 아닐까 생각한다.

선수마다 달라. 운동에는 정답이 없어

메이저리그에서 하는 연습방법이나 과학기술을 활용한 데이터분석 사례 등을 소개하면 '한국은 미국이랑 다르다'고 말하는 분들이 있다. 프로에서 하는 연습방법을 소개하면 '아마추어는 달라. 그건 프로선수들이나 하는 거지.'라고 하는 분들이 있다. 맞는 말이다. 한국과 미국은 다르고, 프로와 아마추어는 다르다. 미국에서 성공한 방식이라고 해서 우리에게 모두 통할 리도 없고 프로에서 하는 방식을 유소년 레벨까지 일괄적으로 강요해서는 안된다. 당연히 운동에는 정답이 없고 어떤 방법이 좋은지는 선수마다 다르다. 그런데 나는 "선수마다 달라. 운동에는 정답이 없어"라는 말을 들을 때마다 그 말을 하는 사람의 심리적인 저항과 불안을 읽곤 한다. 나도 종종 습관처럼 내뱉는 회피의 표현이기 때문이다. 우리에게는 '모른다'를 '다르다'로 바꿔 말하는 고약한 버릇이 있다.

2018년 여름에 데이터 측정 장비인 랩소도 시연을 위해 SK 와이번스를 방문한 적이 있다. 당시 외국인 선수였던 산체스 선수와 함께.

　　현장에서 선수들과 희로애락을 함께 하고 있는 코치 분들께 도움이 될만한 코칭 정보를 조금씩 모아보자는 뜻으로 2014년부터 코치라운드 홈페이지를 운영해 왔다. 시대를 잘 만나 트위터와 페이스북 같은 SNS 플랫폼 이 발달하여 메이저리그를 중심으로 세계 곳곳의 스포 츠 코치들과 연구자들이 남긴 다양한 코칭 사례를 소개 할 수 있었다. 이 책은 그간 모아놓은 사례들 중에 '말' 을 테마로 하는 내용들만 모아서 책의 형식에 맞게 재구 성한 글이다. '코칭언어'라는 양념을 묻혀서 만든 일종 의 맛보기 요리다. 앞서 나열한 궁금증들을 내 나름대로 풀어보려 한 생각놀이의 산물이기도 하다.

여러 종목의 코치분들과 모임을 하며 많은 도움을 받았다. 특히 '코칭언어스터디'를 3년 넘게 진행하며 책이나 기사로는 접하기 힘든 코치분들의 고충을 조금이나마 이해할 수 있었다. 다시 생각하기 싫은 시행착오와 생생한 실패 사례를 나눠주신 코치분들께 감사의 말씀을 드린다.

"사랑에도 기술이 있다. 살아가는 데 필요한 기술들을 배우고 익혀야 한다면, 사랑이야말로 그래야 할 것이다. 사랑을 배우지 않을 때, 종종 사랑은 흉기가 되어 사람을 상하게 한다."

소설가 이승우씨가 『생의 이면』에 적은 이 구절을 좋아한다. 나 역시 사랑을 빙자해 내가 사랑하는 사람들에게 많은 상처를 주었다. 지금도 계속 실수를 하고 있다. 실수를 기꺼이 나누며 '사랑하는 법'을 배우고자 하는 코치분들께 재미있는 읽을거리가 되었으면 하는 마음이다. 이 책을 읽으며 헛웃음을 지을 가족들에게 이 책을 바친다. 잘못했어. 나 좀 봐줘.

1장

너는 어때?

NBA 농구 중계를 보다가 흥미로운 장면에 눈이 멈추었다. 3점을 뒤지고 있고 10초가 남은 상황에서 샌안토니오 스퍼스의 명장 포포비치 감독이 작전타임을 불러 선수들에게 무슨 말인가를 건넨다. 그런데 포포비치 감독의 말은 단골 카페에서 늘 먹던 커피를 주문하듯 금방 끝나고 팀의 리더인 팀 던컨이 포포비치 감독에게 한참 동안 이야기를 하는 모습이 보인다. 아마도 3점슛 기회를 만들기 위한 패턴 플레이에 대해 아이디어를 주고받는 대화일 거라 짐작한다. 선수와 감독의 진지한 의견 교환은 작전타임이 끝날 때까지 계속 이어졌다. 48분에 걸친 싸움의 승패가 좌우되는 최후의 작전을 결정하기 위한 긴박한 상황. 감독이 선수들에게 큰 목소리로 작전을 설명하는 장면이 익숙한 나에게는 감독과 선수가 오손도손(!) 이야기를 나누며 무엇을 할지 논의하는 그 모습이 몹시 낯설었다.

한번 그런 장면이 나의 머릿속에 입력이 되자 비슷한 모습이 자주 눈에 들어왔다. 흔하게 일어나는 일은 아니지만 그렇다고 아주 드문 장면도 아니었다. 스티브 커 감독의 골든스테이트 워리어스 경기를 보면 작전타임에 선수가 이야기를 주도적으로 끌고가는 모습을 종종 관찰할 수 있다. 스티브 커 감독은 포포비치 감독 밑에서 코치 수업을 받은 사람이다. 그는 경기는 물론이고 연습 때도 선수로부터 아이디어를 구하는 것을 중요하게 여긴다고 한다. 커 감독은 그 이유에 대해 '자신이 중요한 선수라는 것을 알도록' 하기 위해서라고 말한 적이 있다. 직장에서든 경기장에서든 '내가 이곳에서 중요한 사람으로 존중받고 있다'고 믿는 사람은 일을 하는 태도와 에너지가 달라질 수밖에 없다.

어떻게 생각해?

마침 이러한 장면이 눈에 들어오기 시작한 그 무렵에 나는 우리나라 축구대표팀을 이끈 슈틸리케 감독의 일화를 접했다[3]. 슈틸리케 감독이 훈련을 하다가 한 선수

---

3 조세민의 풋볼레슨 조세민 대표님께서 페이스북에 소개한 포스팅을 인용

에게 다가가 물었다고 한다.

"넌 어떻게 생각해?"

감독으로부터 질문을 받은 대표팀 선수는 아무런 답을 하지 못하고 슈틸리케 감독을 외계인 보듯 쳐다봤다고 한다. 나는 그 상황을 머릿속으로 상상해 보았다. 그 대표팀 선수는 왜 아무 말도 하지 못했을까? 어쩌면 운동을 하며 코치의 질문을 한 번도 받아보지 않은 것은 아닐까?

영남대학교의 씨름부를 이끌고 있는 허용 감독으로부터도 비슷한 이야기를 들은 적이 있다. 허용 감독은 어릴 때부터 코치가 시키는 대로만 하느라 어느 시점부터 발전에 한계를 느꼈다고 한다. 그래서 선수들이 주도적으로 사고하면서 스스로를 발전시켜 나가는 습관을 만들어주기 위한 방편으로 질문을 의도적으로 던진다.

"이 기술을 쓸 때 ~이런 동작을 하던데 왜 그렇게 하는 거야?"

대부분의 신입생 선수들은 허용 감독으로부터 이런 질문을 처음 받으면 겁을 먹은 표정으로 긴장한다고 한다. 그래서 그는 "지금 혼내려고 하는 게 아니야. 궁금해서 묻는 거니까 편하게 이야기해도 돼." 이렇게 선수의 불안함을 잠재워 주는 말을 덧붙여준다고 한다. 선수들이 질문에 답을 제대로 하지 못해도 나무라거나 추궁하지 않는다. 질문 받은 경험, 자신의 생각이나 감각을 구체적으로 표현해 본 기억이 거의 없는 선수가 어느 날 갑자기 감독이나 코치와 스스럼없는 대화를 나누기는 어렵다는 점을 충분히 이해하기 때문이다.

"내가 볼 때는 이게 더 나을 것 같은데 너는 어떻게 생각해?"

학년이 올라가면서 질문에 답하는 경험이 쌓일수록 선수들은 자연스럽게 자신의 생각을 보다 명료하고 구체적으로 표현하게 된다고 한다. 하지만 스포츠계 주변을 둘러보면, 그리고 선수들의 이야기를 들어보면 코치가 선수의 생각이나 느낌 등을 묻는 모습은 아직도 흔한 풍경은 아닌 것 같다.

골프 교습가로 10년 넘게 선수를 지도하고 있는 B프로와 이 주제로 이야기를 나눈 적이 있다. B프로의 솔직한 자기고백을 들으며 코치가 선수를 상대할 때 마음 속에서 일어나는 심리 현상을 이해할 수 있었다. 질문을 자주 던지면서 선수의 생각, 선수가 느끼는 감각 등을 체크하면서 대화를 하고 싶은데 경기나 연습에 몰입하다 보면 '선수가 해야 할 것'이나 '하지 말아야 할 것'에 자신도 모르게 마음이 가면서 자꾸 혼자서 말을 하게 된다고 B프로는 자책하듯 토로했다. 나는 그 안타까움과 어려움에 공감하지 않을 수 없었다. 이후로도 여러 코치분들로부터 비슷한 이야기를 들었다. 마음처럼 잘 되지 않는다고.

어찌 보면 이는 크게 자책할 필요가 없는 자연스러운 현상이다. 인간의 주의(attention)는 한 곳에 머물기 시작하면 다른 곳을 등한시하게 된다. 내 안에서 일어난 생각에 마음이 가 있을 때 나머지 것들은 관심에서 멀어지기 마련이다. 그런 면에서 코치가 선수에게 던지는 질문(質問)은 선수가 자신의 생각, 감각, 감정 등을 들여다보게 만드는 문(門)이면서 동시에 코치가 자신만의 세계로부터 빠져나오게 만드는 문(門)이 아닐까 하는 생각이 든다.

한자로 적어놓고 보니 질문이라는 단어를 구성하는 한자 문(問)에 입 구(口)자가 가운데에 쏙 들어가 있는 모습이 눈에 들어온다. 마치 새로운 세상으로의 문(門)을

여는 것은 입(口)으로부터 나오는 질문이라고 글자가 말해주는 듯하다. 어쩌면 슈틸리케 감독으로부터 질문을 받고 얼

음이 되었던 그 선수는 질문을 받은 기억이 거의 없다 보니 자신의 내면으로 향하는 문의 손잡이가 사라진 것은 아닐까 하는 상상을 해본다.

질문을 문장으로 표현할 때 사용하는 기호인 물음표(?)의 모양도 재미있다. 가만히 보면 물음표 안에는 마침표(.)가 들어있다. 마침표 위에 무언가가 피어오르는 듯한 이미지다. 느낌표(!)가 '절대로 흔들리지 않겠어!'라는

단호한 각오로 하늘을 향하고 있다면 물음표(?)는 위아래 좌우로 흔들리며 마침표(.) 위를 맴돌고 있다.

물음표를 보고 있으면 이렇게 말을 거는 듯한 기분이 든다. "안다고 굳게 믿고 있는 것. 사실이라고 결론 지은 것. 그게 정말 맞아?"

그렇다면 질문을 받은 선수의 내면에는 어떤 일이 일어날까? 감각 기관이 지닌 태생적인 한계로 인해 인간의 주의는 대개 밖을 향해 있다. 그런데 코치로부터 질문을 받는 순간! 밖으로 향해 있던 선수의 주의는 방향을 바꾸어 안으로 향하게 된다.

"넌 어떻게 생각해?"

"지금 느낌은 어때?"

"아까랑 비교해 보면 어때?"

생각을 묻고, 느낌이나 감각을 묻고, 차이를 묻는 질문을 붙잡고 선수는 자신과의 대화를 시작한다. 방금 했던 플레이에 대한 생각, 신체에서 느껴진 감각, 편한 느낌, 불편한 느낌 등을 두루 돌아본다. 때로는 생각이 정리가 안 되고, 감각도 좀처럼 잡히지 않아서 코치의 질문에 마땅히 답할 말이 떠오르지 않기도 한다. 코칭의 본질을 이해하고 있는 코치는 선수가 자신이 던진 질문에 제대로 답하지 못하더라도 이를 문제 삼지 않는다. 모든 질문에 선수가 답을 명료하게 할 필요는 없다. 그럼에도 불구하고 선수의 사고와 자기 인식을 도와주는 질문을 꾸준하게 던져주면서 변화를 위한 마중물을 제공한다.

마침표와 물음표의 차이

꾸준한 경기력을 위해서는 좋은 습관과 루틴을 만들어야 한다고 많은 코치들이 강조한다. 고등학교 야구팀에서 선수들을 지도하고 있는 최금강 코치는 코치라운드에서 매년 열고 있는 컨벤션 행사에 나와 선수가 좋은 루틴을 만들어 가도록 도와주는 자신만의 방식을 소개

2023년 12월 올림픽파크텔에서 열린 컨벤션에서 물금고등학교 최금강 코치가 강연하는 모습.

했다. 귀가 짜릿한 동기부여 방법은 아니었지만 나는 최금강 코치가 선수에게 다가가는 방식이 크게 와닿았다.

선수들이 가져갔으면 하는 운동 루틴이 있으면 최금강 코치는 함께 해보면서 선수들에게 설명해 준다. 그리고는 매일 틈날 때마다 선수에게 다가가 질문한다.

"해봤어?"

"해보니까 어때?"

선수가 말하는 모습과 반응을 보고 루틴을 실천하고 있는지 어느 정도는 읽을 수 있다. 하지도 않았으면서 했다고 대답을 하거나 "해보니까 좋던데요?" 이렇게 마음에도 없는 말을 하는 선수도 있다. 최금강 코치는 하지 않았다는 사실을 눈치채더라도 "왜 안 해?"라고 추궁하지 않는다. 강요를 하면 왠지 더 하기 싫어지는 선수의 심리를 이해하고 있기 때문이다. 대신 매일 꾸준하게 만나는 선수마다 질문을 던진다.

"어제는 해봤어?"

"하고 나니까 어때?"

"다른 방식으로 해보고 싶어?"

하루가 멀다 하고 코치의 질문과 마주해야 하는 선수는 개인 훈련 시간이 되면 어쩐지 5분, 10분이라도 해야 할 것 같은 생각에 루틴을 실천한다. 그렇게 운동을 하고 코치와 피드백을 주고받는 시간이 쌓이며 선수는 마지못해 수동적으로 하는 단계를 벗어나 주도적으로 상상력을 동원해 루틴을 만들어가는 수준으로 발전하게 된다. 최금강 코치의 강연을 들으며 나는 인내심을 가지고 질문을 던지는 일이야말로 선수가 좋은 습관을 익히도록 만드는 최고의 도구가 아닐까 하는 생각을 했다.

 해! vs 해봤니? (최금강 코치의 컨벤션 강연)

너는 우리 팀에 중요한 선수야

선수의 생각을 묻는 코치의 질문에는 또다른 가치가 있다. 선수가 느끼는 존중감과 책임감이다. 앞서 언급한 스티브 커 감독의 말처럼 자신의 의견을 묻는 코치의 모습을 보며 선수의 마음 속에는 '아. 내가 이 팀에서 중요한 사람이구나' 하는 믿음이 싹트게 된다. 선수의 의견을 환영하고 존중하는 스티브 커 감독의 면모를 고스란히 보여주는 장면을 2016년 올랜도 매직과의 경기에서 확인할 수 있다.

한 점 차로 앞선 경기의 마지막 작전타임. 감독이 어떤 선택을 하느냐에 따라 승패가 결정될 수 있는 상황. 이때 벤치에 앉아 있던 발보사 선수가 제안을 한다. 상대가 분명히 인바운드 패스를 시도할 테니 우리 팀에서 가장 키가 큰 앤드류 보거트를 투입시켜 그 패스를 차단하자고. 스티브 커 감독은 발보사의 말이 일리가 있다고 판단하고 그의 제안을 받아들인다. 결국 그 선택은 제대로 통해서 워리어스에 승리를 안겨준다. 작전을 제안했던 발보사는 사실 주전으로 뛰지 못하는 벤치 멤버였지만 스티브 커 감독에게 그가 주전인지 벤치 멤버인지는 중요하지 않았다.

스티브 커 감독의 버클리 대학 초청 대담

스티브 커 감독은 이 사례를 직접 소개하면서 코치가 선수의 의견을 구하고 받아들이는 태도가 선수들에게 결코 약한 모습으로 비춰지지 않는다고 이야기한다. 오히려 어느 누구도 모든 답을 알지 못한다는 사실을 인정하는 태도야말로 진정한 강인함이며, 선수가 결정하게 만들면 코치의 권위가 더 커진다고 말한다[4].

마이클 조던을 비롯해 수많은 농구 스타를 배출한 노스캐롤라이나 대학의 명장 딘 스미스 감독도 자신의 책 『Coach's Life』에 선수의 의견을 묻는 일이 왜 중요한지 고교 시절 코치로부터 배운 교훈을 적고 있다.

"내가 다닌 토피카 고등학교에는 밥 브릭스 코치님이 계셨다. 코치님과 이야기를 나누면 나는 언제나 가치 있는 사람으로 느껴졌다. 실수를 했을 때도 마찬가지였다. 코치님은 아주 사소한 결정에도 나의 의견을 묻곤

---

4   스티브 커 감독의 Berkeley Haas Culture Conference 인터뷰

했다. 나는 선수가 자신의 목소리를 내는 것이 결코 나쁜 일이 아님을 코치님으로부터 배웠다. 나도 그 가르침대로 하고 있다. 코치님은 어떤 작전에 대해 말씀하시고는 나를 쳐다보며 이렇게 묻곤 하셨다. "너는 어떻게 생각하니?""

나는 2021년 겨울에 시카고에서 열린 미국야구코치협회 컨벤션에 참가해 귀한 인연을 만났다. 미국의 각 연령대별 국가대표팀 코치를 두루 지냈으며 지금은 야구의 세계화를 위해 아시아와 유럽, 아프리카 등 야구 불모지를 방문해 코치 클리닉을 진행하는 ISG 베이스볼의 부사장인 피터 칼린도 코치다. 그때의 만남을 시작으로 우리는 2022년부터 한국에서 메이저리그 코치와 우리나라의 코치들이 정보를 나누는 코치 클리닉을 매년 열고 있다. 메이저리그 코치가 전하는 최신 코칭 트랜드와 선수 육성 노하우를 듣는 재미도 좋지만 나는 칼린도 코치가 들려주는 통찰력있는 코칭 담론을 더 좋아한다.

칼린도 코치가 한국 코치들에게 나누어 준 이야기 중에 인상적인 대목이 있다. 그는 미국의 스포츠 코칭이 최근 들어 좋은 방향으로 가고 있다고 말하며, 코치들이 이전보다 선수에게 많은 질문을 던지기 시작했다는 점

피터 칼린도 코치는 2022년에 신시내티 레즈의 피칭 디렉터인 데릭 존슨 코치와 함께 한국을 찾아 코치 클리닉을 진행했다.

을 이유로 들었다. 칼린도 코치의 말에 따르면 오랫동안 미국도 코치의 '교습 능력'을 코칭과 동일시하는 문화가 지배적이었다. 하지만 교육과 운동학습, 뇌과학 분야의 연구 성과들이 스포츠의 세계로 빠르게 전파되면서 코치의 '가르침'보다는 선수의 '배움'에 초점을 맞춘 지도 방식에 코치들이 눈을 뜨기 시작했다. 데이터와 영상 분석 기법의 발달은 이런 흐름에 불을 붙였다. 선수들은 언제든지 자신의 상태를 확인할 수 있는 객관적인 피드백을 제공받을 수 있었고, 이런 환경 변화는 코치의 주관적인 피드백에 의존했던 기존의 지도 방식을 근본적으로 바꾸는 압력으로 작용했다. 이제는 과학 기술이 알려주는 객관적인 정보를 바탕으로 선수와 효과적으로 커뮤니케이션하는 능력이 다른 어떤 역할보다 코치에게 중요해졌다.

 선수에게 질문해 보세요. 많은 것을 얻을 수 있습니다.
(피터 칼린도 코치의 클리닉 영상)

칼린도 코치는 가끔 선수들에게 직접 라인업을 짜달라고 요청하기도 한다. 선수들 각자가 만든 라인업을 보며 그는 어떤 선수가 동료 선수에 대해 가지고 있는 생각, 팀에 대해 가지고 있는 생각 등을 읽는다. 왜 그런 라인업을 짰는지 물어보고 답을 들으며 자신이 미처 발견하지 못했던 선수들의 장점을 인식하기도 한다. 칼린도 코치는 클리닉에 참석한 우리나라의 코치들에게 딱 네 단어를 함께 마음에 새기자고 제안했다.

"Ask More. Tell Less. 질문은 더 많이. 말은 더 적게."

선수의 말을 기억하기

나는 코치가 선수와 신뢰감을 형성하는 방법을 주제

로 프로야구팀의 H코치와 이야기를 나눈 적이 있다. 나는 H코치로부터 무척 실용적이면서 유용한 팁이라 생각되는 경험담을 들었다. H코치는 연습을 하는 선수에게 다가가 가벼운 질문을 자주 던진다고 한다.

"지금 어때?"

"방금 어땠어?"

"내가 봤을 때는 괜찮은데 너의 느낌은 어때?"

H코치는 질문을 던지고 나서 선수가 하는 말을 집중해서 경청하는 모습을 '의도적으로' 보여주려고 노력한다. 사소한 내용일지라도 선수의 말을 수첩에 기록하고 기억해 놓았다가 다음에 대화를 할 때 언급해준다.

"그때 네가 이렇게 얘기했잖아? 지금은 어떤 것 같아?"

이런 대화가 반복될수록 선수가 보다 편하게 코치에게 자신의 생각을 말할 수 있게 된다고 H코치는 이야기했다. 자신의 말을 경청하고 기억해주는 코치의 모습을 보며 선수는 '코치님이 내 말을 흘려듣지 않고 기억하고 계시구나!' 하고 인식한다. H코치는 코치를 신뢰하게 된 선수가 "지금은 어때요? 코치님!" 이렇게 먼저 질문을 하기 시작하는 순간을 코칭 프로세스가 제대로 작동하는 시점으로 여긴다고 말하며 선수의 말을 '의도적으로'

경청하는 일의 가치에 대해 이야기했다.

"저희가 어릴 때는 하고 싶은 말은 많았지만 감독, 코치님께 함부로 말을 하면 안될 것 같은 권위의식 같은 게 있었잖아요. 그렇게 말을 안 하다 보니까 자기 생각을 표현하는 능력이 떨어지는 것 같아요. 운동선수들이 결코 머리가 나쁜 게 아니거든요. 운동 잘하는 선수들을 보면 머리가 비상해요. 하지만 저도 그렇고 학교 다닐 때 공부는 거의 안하고 야구만 했기 때문에 아직도 제 생각을 남들에게 전할 때 전달능력이 떨어지는 것 같더라고요. 자꾸 이야기하는 기회를 마련할 필요가 있을 것 같아요."

한국 야구의 레전드 박찬호씨의 코멘트로 마무리하려고 한다. 박찬호씨도 한 미디어와의 인터뷰를 통해 코치가 선수에게 질문을 던지는 일이 왜 중요한지를 이야기한 적이 있다[5]. 박찬호씨는 미국으로 건너가서 코치가 자신에게 질문을 하는 모습을 처음 경험했다고 한다. 권위는 내려놓을수록 더욱 커진다는 그의 말을 곱씹어볼 필요가 있다.

---

5   네이버 매거진S 박동희 칼럼 "'개척자' 박찬호와 마포대교 그리고 영웅'

"코치가 이야기해줘서 선수가 깨닫는 건 진정한 깨달음이 아니기 때문이에요. 권위는 추락할 수록 더 올라가는 거예요. 어린 새가 하늘을 날 때 처음부터 엄마처럼 큰 날개로 비행하진 않아요. 시간이 흐를수록 자꾸자꾸 날개가 커지면서 더 강하고, 높게 나는 겁니다. '지도'도 마찬가지예요. 스스로 권위를 내려놓으면 놓을수록 권위는 더 커집니다. 왜냐? 그렇게 하면 상대 마음이 열리니까. 일방적인 '주의'와 '지시'는 상대 마음을 더 닫히게 할 뿐이에요. 미국 야구계에선 코치들이 베테랑 선수들을 상대로 끊임없이 질문하고 자신들도 배워요. 그래요. 여기선 가르치는 게 아니라 공유하는 게 코치 역할입니다."

거의 혼난 기억이 없다는 오타니의 어린 시절

뇌과학에 대한 관심이 높아지면서 선수의 퍼포먼스를 높이기 위해 관련 기술을 접목하려는 시도들이 점차 늘어나고 있다. 메이저리그에는 투구에 대한 반응속도를 높이기 위해 매일 비디오 게임과 같은 훈련을 하는 팀도 등장했다. 어떤 팀은 집중력과 감정 컨트롤 능력을 향상시키기 위해 명상을 일상의 훈련 프로그램에 포함시켰다. 뇌파를 측정하는 밴드를 머리에 감고 최적의 상태에서 피칭을 시작하는 연습을 하는 팀도 있다.

선수의 '뇌'를 발달시켜 경기력을 높이기 위한 다양한 시도들이 존재하지만 일상에서 접하는 대화야말로 선수의 뇌에 가장 많은 영향을 미치는 요소일 것이다. 매일 코치와 주고받는 말들과 비언어적인 커뮤니케이션을 통해 선수의 뇌에는 다양한 정보가 입력되고 자연스럽게 선수의 움직임도 영향을 받게 된다.

안타깝게도 우리나라에서는 여전히 많은 어린 선수들이 코치들의 언어 폭력에 노출되어 있다. 코치의 입에서 쏟아져 나오는 거친 표현들과 위압감을 주는 바디랭귀지에 상처를 받는 선수들이 여전히 많다. 이는 간혹 TV로 중계되는 유소년 경기를 봐도 어느 정도 확인할 수 있다. 선수의 플레이에 못마땅한 표정을 짓거나 소리를 지르는 지도자와 잔뜩 겁먹은 표정으로 서있는 선수의 모습을 심심치 않게 보게 된다.

그렇게 화를 내면서 엄하게 가르쳐야 선수의 멘탈이 강해진다고 믿는 지도자들이 있다. 그들의 어린 시절의 경험이 그런 믿음을 낳았을 것이다. 혼나며 운동하는 것을 당연하게 여겼고 어쨌든 그런 과정을 지나며 얻은 성과들이 분명히 있기 때문이다. 하지만 뇌과학의 연구들은 모든 종류의 배움이 정서적으로 안정된 상태에서 보다 활발하게 일어난다는 사실을 말하고 있다. 경기나 연습 중에 실수를 하게 되면 선수는 혼날지 모른다는 '두려움'이 일어난다. 미안한 마음이 증폭되며 동료들에게 '죄책감'을 느끼기도 한다. 사람들이 많은 곳에서 야단을 맞거나 다른 선수로 교체되어 나가면 '수치심'도 일어난다.

이런 부정적인 감정들에 휩싸일 때 뇌는 본능적으로 자신을 보호하기 위해 작동하기 시작한다. 뇌의 일차적인 목적은 생존이다. 생존 본능과 관련한 뇌간과 감정을 관장하는 변연계 쪽으로 에너지가 쏠리게 된다. 배움이 일어날 때 활발하게 활동하는 신피질은 기능이 현격하게 저하된다.

최근에는 학습과 관련해 의미있는 연구 결과가 또 하나 발표되었다. '해마'는 뇌가 받아들인 정보를 장기기억으로 전환하는데 중요한 역할을 하는 것으로 알려져 있다. 연구에 따르면 해마를 통해 정보뿐만 아니라 정보를 접할 당시의 감정도 장기기억으로 넘어간다고 한다. 실수를 했던 경험에 더해 코치나 부모의 말이나 표정에 반응하며 입력된 두려움, 죄책감, 수치심 등이 무의식에 세팅이 되어 함께 저장되는 것이다. 먼 훗날 결정적인 상황에서 몸이 굳어버리는 일이 벌어진다면 그것은 어려서부터 수없이 혼나며 느꼈던 그때의 감정들이 자기도 모르게 떠오르며 나타난 현상일 수 있다.

선수의 멘탈을 무너뜨리는 코치의 말과 행동들
(EFT스포츠심리상담센터 김병준 코치와의 대담)

오타니 쇼헤이는 어린 시절 야구를 하며 거의 혼난 기억이 없다고 말했다. 오타니의 부모 역시 오타니에게 야단을 친 적이 없다고 어느 미디어와의 인터뷰에서 말한 적이 있다. 일본의 뇌과학자인 시오다 히사시는 혼나는 경험 없이 성장했던 어린 시절이 오타니 선수가 지닌 무한한 자신감의 원동력일지 모른다고 주장했다. '어떤 경우에도 혼날 일은 없어.' 이런 믿음으로 두려움 없이 경기장을 누빈 시간들로 인해 감정과 연결되어 있는 변연계가 건강하게 형성되었을 가능성이 높다는 것이다.

화를 내면 정신을 차리고 잘 배우는 것처럼 보이지만 그 효과는 일시적일 뿐이다. 오히려 현대의 뇌과학은 선수가 혼이 나며 운동을 할 때 뇌의 구조에 부정적인 영향을 미쳐 장기적으로 잠재력과 창의성 등을 갉아먹는다는 여러 증거들을 내놓고 있다. 지금 당장 효과가 있는 것처럼 보이는 방법이 길게 보면 오히려 더 큰 발전을 가로막는 경우가 우리 삶에는 무척 많다.

2장

**오늘 하고 싶은 게
뭐야?**

신시내티 레즈의 피칭 디렉터인 데릭 존슨 코치는 연습을 시작하기 전에 선수에게 다가가 묻는다.

"오늘 하고 싶은 게 뭐야?"

이런 질문을 받으면 무엇에 초점을 맞춰 연습하려고 하는지를 또렷하게 말하는 선수도 있지만 "글쎄요. 잘 모르겠는데요." 하면서 머뭇거리는 선수도 있다. 그런 순

2022년에 코치라운드와 ISG 베이스볼이 공동 주최한 클리닉에서 한국의 코치들과 대화를 나누는 데릭 존슨 코치.

간을 데릭 존슨 코치는 '가르쳐야 할 기회'라고 생각한
다. 분명한 의도를 가지고 연습을 하는 것이 왜 중요한지
를 천천히 설명해 준다. 그리고는 다시 같은 질문을 던진
다. "자. 이해했지? 그럼 오늘 하고 싶은 게 뭐야?" 코치
의 질문에 답을 하며 선수는 연습에 임하는 자신만의 의
도와 목적을 마음에 새긴다.

오늘 뭘 칠거야?

2019년에 『베이스볼 아메리카(Baseball America)』가
선정한 '올해의 메이저리그 코치상'을 수상한 데릭 존슨
코치를 초대해 클리닉을 진행했다. 나는 함께 식사를 하
는 자리에서 정말 모든 연습을 시작하기 전에 오늘 하고
싶은 게 무엇인지 선수에게 질문을 던지냐고 물어보았
다. 그는 당연히 그렇다고 답했다. 존슨 코치의 말과 표
정에서 약간의 주저함도 보이지 않았다.

기술을 연마하는데 분명한 의도와 목적의식이 중요
하다는 사실을 널리 알린 사람은 '1만 시간의 법칙'으로
유명한 안데르스 에릭손 박사다. 전문성 연구에 평생을
헌신한 그는 '의도적인 연습(deliberate practice)'이라는
표현을 처음 사용한 것으로 알려져 있다. 에릭손 박사

는 여러 분야의 장인이나 최고 수준의 전문가로 인정받는 사람들이 탁월한 전문성을 갖추기 위해 어떤 수련의 과정을 거쳤는지를 분석해 공통적인 '필수 요소'를 정리했는데 '의도적인 연습'도 그 중 하나였다. '의도적인 연습' 외에도 에릭손 박사는 100% 몰입할 수 있는 환경(가급적 혼자서 연습할 것!), 구체적이고 객관적인 피드백, 피드백을 기꺼이 수용하려는 태도를 위대함으로 나아가기 위한 핵심 요소로 이야기했다.

하지만 우리에게는 '의도적인 연습'보다 '1만 시간의 법칙'이 더 익숙하다. '1만 시간의 법칙'은 에릭손 박사가 1993년에 발표한 논문에서 처음 소개한 표현으로 어떤 분야에서 최고 수준의 기술을 갖추려면 적어도 1만 시간의 수련의 과정이 필요하다는 개념이다. 사실 이 개념은 에릭손 박사가 전문성을 위한 핵심 요소로 분류한 것은 아니었기 때문에 논문이 나올 당시에는 그다지 주목을 받지 못했다. 그러다가 10여년이 지난 후에 전세계적으로 베스트셀러가 된 말콤 글래드웰의 책 『아웃라이어』에 인용되면서 널리 퍼지기 시작했다. '1만 시간의 법칙'은 근면성과 성실함을 미덕으로 여기는 우리나라 사람들에게 특히 더 열광적으로 받아들여졌다.

하지만 에릭손 박사는 '의도적인 연습'이라는 개념이 빠진 '1만 시간의 법칙'이 사람들의 입에 자주 오르내리는 현상을 못마땅해한 것으로 알려져 있다. 그에게 '1만 시간'은 단순한 훈련의 양이 아니라 분명한 의도를 가지고 하는 훈련의 질을 강조한 개념에 가까웠다. 데릭 존슨 코치도 '연습'이 아니라 '의도적인 연습(deliberate practice)'을 해야 한다고 이야기했다.

이를테면 불펜피칭을 시작하기 전에 데릭 존슨 코치는 투수에게 다가가 오늘 무슨 연습을 할 건지를 물으며 선수의 의도를 체크한다. 선수의 의도를 확인하는 작업은 곧 연습을 구체적으로 세팅하는 작업이기도 하다. 코치로서 사전에 준비한 연습 프로그램은 어느 정도 있지만 선수의 의도에 따라 연습 환경은 세밀하게 조정된다. 결국 선수를 위한 시간이기 때문이다. 피칭 동작에 신경을 쓰며 공을 던질 것인지, 공의 움직임에 집중할 것인지, 아니면 손의 감각을 키우기 위한 커맨드 연습을 할 것인지 등을 선수와 대화를 나누며 정한다.

피칭 메카닉과 신체의 감각에 초점을 맞추어 연습을 하기로 했다면 공이 원하는 로케이션에 제대로 들어갔는지에 대해서는 신경쓰지 않는다. 몸의 움직임에 철저히 집중하기 위해 아예 타겟이나 포수가 없이 공을 던지기도 한다. 가까운 거리에 스크린을 세워놓고 다양한 동작으로 공을 던지는 드릴을 하며 신체의 감각과 움직임에 온전히 몰입할 수 있는 환경을 만든다. 커맨드나 공의 움직임을 개선하고자 할 때는 피칭 동작이나 몸의 느낌에는 크게 신경쓰지 않는다. 트랙맨이나 랩소도와 같은 데이터 측정 장비, 초고속 카메라를 포함한 영상 분석 도구를 활용해 오로지 공이 원하는 로케이션으로 제대로 들어가는지, 패스트볼의 회전은 어떤지, 변화구의 수평/수직 움직임은 어떻게 나오는지 등을 실시간으로 피드백 받으면서 공을 던진다. 어떤 날에는 이 둘을 섞어서 함께 연습하기도 한다.

'생각하는 법'을 훈련시켜 선수의 마인드셋을 발전시킨다
(데릭 존슨 코치의 미국야구코치협회 컨벤션 강연)

코치로서 선수가 연습하길 원하는 부분이 분명히 있지만 자신의 생각보다는 선수가 스스로 정한 목적이 더 중요하다고 데릭 존슨 코치는 이야기한다. 그래서 자신이 생각해둔 방향과 어긋나 보이는 연습을 선수가 원할

때도 그 생각을 그대로 존중해 준다. 이 대목에서 나는 존슨 코치로부터 재미있는 이야기를 들었다. 가끔은 자신도 미처 생각하지 못했던 포인트를 선수가 말하는 경우가 있다는 것이다. 오늘 무슨 연습을 할거냐는 코치의 질문에 선수가 머뭇거리며 답을 못할 때가 '가르칠 수 있는 기회'라면, 선수가 코치의 사고를 벗어난 아이디어를 내놓는 이런 순간은 '배울 수 있는 기회'라고 그는 웃으며 말했다. 자신이 가르치는 선수에게서도 기꺼이 배우려는 태도! 뛰어난 성과를 거둔 코치들이 보여주는 공통된 특징 중 하나다. 그들의 정체성에는 가르침과 배움이 따로 존재하지 않는다.

코치의 질문은 연습뿐만 아니라 경기의 준비 수준을 높이는 데도 강력한 효과를 발휘할 수 있다. 별다른 준비 없이 그저 '잘 해야지. 꼭 이겨야지.' 하는 다짐만으로 경기에 들어가는 선수들이 많다고 코치들은 아쉬워한다. 레벨이 높아질수록 신체 능력이나 기술은 대체로 엇비슷해진다. 그날의 컨디션을 어떻게 조절하느냐에 따라, 그리고 얼마나 치밀하게 상대를 분석하고 준비하느냐에 따라 승패가 좌우되는 경우가 많다.

LG 트윈스의 이호준 코치가 질문을 통해 선수들의

경기 전 준비 습관을 만들어간 사례를 한 방송사 유튜브를 통해 들은 적이 있다[6]. 이호준 코치는 상대 투수가 어떤 구종의 공을 어느 로케이션으로 주로 던지는지, 장점과 단점은 무엇인지 사전에 파악하지 않고 타석에 들어서는 선수가 너무 많다고 생각했다. 그래서는 제대로 된 승부가 될 수 없다고 판단했다. 문제의식을 느낀 이호준 코치는 선수가 경기에 들어가기 전에 제대로 준비를 했는지 체크하는 질문을 던지기 시작했다.

"오늘 뭘 칠 거야?"

"상대 투수가 어떤 공을 잘 던져?"

코치의 질문에 답을 하기 위해 선수들은 상대할 투수들의 데이터를 공부하기 시작했다. 코치가 일방적으로 전달하는 정보와 선수 스스로 찾아보고 학습한 정보는 활용하는 측면에서 차이가 날 수밖에 없다. 류현진 선수는 다저스 시절에 자신이 경기를 준비했던 과정을 이야기한 적이 있다[7]. 류현진 선수가 데이터에 관심을 갖기 시작하자 허니컷 투수 코치는 색다른 제안을 한다. 등

---

6   KBS N SPORTS 유튜브 '인생은 이호준처럼'
7   이영미 기자의 '류현진 MLB 일기' 2019년 6월 1일 기사 '어깨 수술 후 나를 변화시킨 중요한 한 가지'

판 하루 전날 미팅을 할 때 상대 타자들에 대해 공부한 걸 발표해보면 어떻겠냐는 권유였다. 허니컷 코치의 제안을 받아들이고 류현진 선수는 발표를 위해 상대 타자들의 영상과 데이터를 보면서 연구를 했다. 전력분석팀에서 만들어준 자료도 있지만 단지 참고만 할 뿐이었다. 때로는 전력분석팀에서 제공하지 않은 데이터를 요청하기도 하면서 나름의 플랜을 만들어 발표를 했다. 류현진 선수는 그렇게 스스로 준비를 하는 시간이 재밌었을 뿐 아니라 머리에 분명하게 입력되어 실제 경기에서 활용하는데 질적으로 큰 차이가 있었다고 말했다. 발표를 해보자는 허니컷 코치의 제안에는 투수가 답해야 할 수많은 질문이 담겨있다. "어떤 공을 던질 거야?" "어떻게 상대 타자의 헛스윙을 이끌어낼 거야?" "카운트가 불리할 때는 어떤 구종의 공을 던질 거야?"

 경기에 나서는 선수에게 던지는 이호준 코치의 질문

질문으로 연습의 질을 높인다

2023년 여름, 일본의 전국고교야구선수권대회(일명 고

시엔 대회)에서는 운동에만 올인하지 않으며 '엔조이 베이스볼(Enjoy Baseball)'을 표방하는 게이오기쥬쿠고등학교가 107년만에 우승을 차지해 일본 전역이 들썩였다. 삭발을 한 고교선수들이 경기장에서 몸을 날리며 투혼을 보여주는 모습이 고시엔 대회의 상징적인 이미지다. 하지만 게이오기쥬쿠고등학교 선수들은 저마다의 개성을 살려 머리를 기르고 경기장에 나와 빡빡머리가 익숙한 많은 이들에게 낯선 풍경을 선사했다. '예전부터 머리를 밀어왔으니 계속 그렇게 해야지.' 이 학교의 야구부를 이끌고 있는 모리바야시 다카히코 감독은 옛날부터 해왔다고 해서 구태의연한 관례를 맹목적으로 따르지 않는다. 그에게 전통이란 따르기도 하면서 동시에 새롭게 창조하는 가치다.

게이오기쥬쿠고등학교는 전통적으로 문무양도[8]를 추구하는 교풍을 지니고 있다. 야구를 위해 공부를 소홀히 하는 행동을 허락하지 않기 때문에 고시엔 우승을 위해 모든 시간과 에너지를 다 바치는 다른 야구 명문고들에

---

8   문무양도(文武兩道) : 완전한 인간으로 성장하기 위해서는 학문과 무예를 모두 갈고 닦아야 한다는 의미를 담고 있다.

비해 연습 시간이 적을 수밖에 없다. 그래서 모리바야시 감독은 연습의 질을 높이기 위해 많은 정성을 기울인다. 그 중 가장 중요한 요소가 단체 연습을 선수 각자의 개인 연습처럼 만드는 작업이다.

2023년 겨울에 모리바야시 감독을 온라인으로 초대해 우리나라의 코치, 학부모들을 대상으로 강연회를 진행했다. 여러 인상 깊은 코칭 철학과 사례들을 직접 들을 수 있었다. 초등학교 교사이기도 한 모리바야시 감독은 일사분란하게 움직이며 모든 선수가 같은 연습을 하는 단체 연습은 지도자의 자기 만족에 불과하다고 여긴다. 그에게 야구장은 스스로 생각하고, 거리낌 없이 질

모리바야시 다카히코 감독을 초청해 온라인으로 강연회를 진행했다. 코치라운드는 2024년 8월에 모리바야시 감독의 책 『씽킹 베이스볼』을 한국에 출간하였다.

문하고, 비판적인 사고를 하는 사람을 키우는 장이다. 눈 앞에서 자신이 준비한 대로 착착 연습을 하고 있는 선수들을 보며 지도자는 '다들 열심히 하고 있구만!'이라는 착각을 하기 쉬우며, 그렇게 획일적으로 하나의 연습에 모든 선수를 맞추려고 하면 선수가 제대로 성장할 수 없다고 모리바야시 감독은 강연회에서 이야기했다.

 상식을 뒤집는다 (모리바야시 다카히코 감독 초청 강연)

공간과 시간의 한계 속에서 단체 연습을 개인 맞춤형 연습처럼 만들기 위해 모리바야시 감독이 사용하는 핵심 도구는 '질문'이다. 그는 가끔씩 연습을 하고 있는 선수에게 다가가 묻는다.

"지금 무슨 의도로 이 연습을 하고 있어?"

"어떤 목적으로 하고 있는 거야?"

질문에 어떤 답을 하는지를 통해 선수가 분명한 의도를 가지고 연습을 하고 있는지, 아니면 그냥 별다른 생각 없이 공을 던지고 배트를 휘두르는지를 파악한다. 감독과 이런 대화를 나누는 시간이 쌓이며 선수는 연습에 자기만의 의도와 목적의식을 세팅하는 습관을 키우게 된다. 게이오기쥬쿠고등학교의 연습 시간에는 코치에게 구체적인 연습 방법을 요청하는 선수가 많다고 한다.

"저는 지금 흘러나가는 공에 대한 연습이 필요해요. 높은 존으로 강하게 먼저 던져주신 다음에 바깥쪽 낮은 존으로 조금 느리게 던져주세요."

"백핸드 쪽으로 공을 많이 굴려주세요."

이런 방식으로 큰 틀에서는 단체 연습이지만 가까이 들여다보면 선수 각자를 위한 맞춤형 개인 연습이 되도록 연습 환경을 만든다. 모리바야시 감독은 특별한 연습 방법의 효과를 믿지 않는다. 다른 학교에는 없는 특별한 연습은 하지 않는다고 말한다. 남들이 하지 않는 마법의 연습을 찾는데 집착하기 보다 어떤 팀이라도 하고 있는 연습을 '게이오기쥬쿠만의 특별한 방식'으로 하면서 연습의 질을 최대한 높이는데 신경을 쓴다. 그 시작에는 모리바야시 감독의 질문이 있다.

무슨 문제 있어?

연습을 시작하기 전에 코치가 가벼운 질문을 던지며 나누는 이런 짧은 대화는 선수에게 연습의 목적과 의도를 심어줄 수 있는 기회이기도 하면서 선수가 지금 어떤 상태인지 파악할 수 있는 시간이기도 하다. 그래서 베테랑 코치들은 연습과 경기 전에 가벼운 대화로 선수의 컨디션과 심신의 상태를 읽기 위한 저마다의 루틴을 실천하고 있다. 지금은 은퇴를 하신 레이 시어리지 코치 역시 선수가 연습을 시작할 때 늘 같은 질문을 던졌다고 알려져 있다[9].

"오늘 느낌이 어때?"

시어리지 코치는 이 질문이 무척 고리타분하다는 사실을 잘 알고 있다. 선수 입장에서는 뭐라고 답을 해야 할 지 머리가 멍(!)해질 수도 있는 질문이다. 몸이 어떻다는 건지, 요즘 생활이 어떻다는 건지 도통 알 수 없는 질문이다. 여기서 다루고자 하는 포인트는 시어리지 코치가 던진 질문의 내용이 아니라 질문을 던지고 나서 그가 보여주는 행동이다. 시어리지 코치가 던진 질문은 지극히 평범하지만 대답을 기다리는 그의 태도는 특별하다. 그는 자신의 질문에 선수가 답하는 모습을 보며 무언가

9   Triblive 2014년 3월 13일자 기사 "Pirates pitching coach Searage builds trust, foundation with pitchers."

를 찾아내곤 한다. 이야기를 하는 선수의 말이나 몸짓에서 미묘한 느낌을 감지하면 시어리지 코치는 바늘을 문물고기를 상대하는 노련한 어부처럼 한 발짝 더 선수에게 다가가 질문을 던진다.

"뭐든 좋아. 무슨 문제 있어?"

이렇게 또다시 물으며 선수에게 순수한 호기심을 드러낸다. 시어리지 코치가 보여주는 관심과 진정성 앞에서 선수들은 경기장 안팎에서 겪고 있는 다양한 고민거리들을 털어놓기 시작한다.

판단하지 않는 마음으로 선수를 유심히 관찰하는 것이 코칭의 시작이라는 점을 이상훈 해설위원도 한 미디어와의 인터뷰에서 말한 적이 있다[10]. 특히 우리나라에는 어릴 때부터 자기 표현의 기회가 별로 없는 환경 속에서 운동을 해온 탓에 자신의 생각이나 감정을 표현하는데 어려움을 겪는 선수가 많은 편이다. 코치 앞이라면 더더욱 그렇다. 몸에 문제가 있어도, 가정이나 사생활 문제로 머릿속이 복잡한 상황이라도 그것들을 코치에게

---

10   JTBC뉴스 2016년 2월 16일자 기사 "이상훈 "무섭다고요? 알고 보면 부드러운 사람입니다""

편하게 털어놓지 못하는 경우가 대부분이다. 이상훈 해설위원은 그래서 선수가 연습을 하러 나오는 모습이나 캐치볼을 하는 모습 등을 주의 깊게 관찰하며 선수의 상태를 읽으려고 노력한다고 말하고 있다. 선수가 운동을 하러 나오는 걸음걸이, 웨이트 트레이닝을 하는 모습 등에서 무언가 이상한 느낌이 올 때가 있다고 한다. 아니면 불펜에서 오늘 공을 몇 개 던질 건지를 물었더니 선수가 평소보다 적게 던지겠다고 답했다면 이 역시 민감하게 받아들여야 할 순간이라고 이야기한다.

한 번은 그렇게 말한 선수가 있어서 이상훈 위원이 어디가 안 좋은지 확인을 해보니 손가락의 피부가 벗겨져 있었다고 한다. 손가락에 문제가 있다고 말을 하면 야단을 맞을까봐, 정신력이 약한 선수로 평가받을까 싶어 솔직하게 이야기하지 못한 것이다. 이상훈 위원은 바로 피칭을 중단하고 트레이너의 조치를 받고 선수를 쉬도록 했다고 인터뷰에서 말하고 있다.

시어러지 코치는 공감과 경청을 바탕으로 선수를 대하는 태도를 모든 사람을 똑같이 대하는 아버지의 모습을 보며 배웠다고 한다. 그리고 고장난 차를 다루듯 자신을 대했던 코치들을 반면교사로 삼았다. 시어리지 코치는 자신의 의견은 고려하지 않고 "이렇게 바꿔. 저렇게 바꿔." 하면서 자신의 문제를 고치려 한 코치들로 인해 선수 시절 많은 어려움을 겪었다. 수많은 일방적인 지시 속에서 자신의 정체성을 잃어버렸던 아픈 경험을 선수들이 겪게 하고 싶지 않았다.

배우는 사람은 가르치는 사람의 지식이나 경험보다 자신을 대하는 태도에 더 많은 영향을 받는다. 시어리지 코치의 도움으로 커리어를 완전히 탈바꿈한 찰리 모튼 선수는 시어리지 코치와 보낸 시간을 다음과 같이 말하고 있다.

"메카닉의 달인이라고 해도 그것을 말로 전달하는 것은 불가능합니다. 어느 누구도 그렇게 할 수는 없을 거예요. 우리는 모두 다른 개성과 성격을 가지고 있습니다. 시어리지 코치는 늘 친절하세요. 공감해 주시고, 사람에 대한 이해를 바탕으로 우리를 대하십니다. 정말 훌륭한 코치시죠."

그래?

프로 입단을 위해 구슬땀을 흘리고 있는 한 대학 졸업반 야구선수가 있었다. 감독이 어느 날 그 선수를 불러 몸 상태가 어떤지를 물었다. 선수는 감독이 별다른 목적 없이 으레 하는 질문으로 여기고 짧게 "괜찮습니다." 하고 답을 했다. 감독은 "다른 건 없고?" 하면서 또 물었다. 선수는 감독의 이어진 질문에 무슨 말을 해야 할지 살짝 당황스러웠지만 무슨 말인가는 해야 할 것 같아서 이야깃거리를 머릿속으로 찾기 시작했다.

선수가 말을 할 때마다 감독은 "그래?" 하면서 맞장구를 쳐줄 뿐 특별히 자신의 생각을 이야기하지는 않았다. 처음에는 무슨 말을 할까 고민하던 선수는 몸에 대한 이야기로 시작해 요즘 겪고 있는 어려움과 고민거리를 감독에게 털어놓게 되었다. 감독실 문을 닫고 나오며 선수는 알 수 없는 힘이 자신의 안에서 솟아나오는 것을 느꼈다. 감독이 그러라고 지시하지도 않았는데 자발적으로 훈련 계획을 짜서 이전과는 다른 방식으로 훈련을 하기 시작했다.

선수는 그해 드래프트에서 지명을 받지는 못했지만 가능성을 인정해 준 한 프로구단의 선택으로 신고선수로 어릴 때부터 소망하던 프로야구팀의 유니폼을 입게 되었다. 지금은 고등학교에서 학생들을 가르치고 있는 어느 코치로부터 직접 들은 이야기다. 선수 시절에 감독이나 코치로부터 들은 가장 인상깊었던 말이 무엇이냐는 질문에 들려준 에피소드다. 나는 '말'에 대해 물었지만 이야기를 들려준 코치는 말보다는 '감정'을 기억하고 있었다. 그는 드래프트를 앞두고 감독과 나눈 그 짧은 대화가 인생의 큰 전환점이 되었다고 했다. 대화의 내용을 속속들이 기억하지는 못하지만 자신의 이야기를 귀기울여 들어준 감독님에 대한 고마움과 그때 느낀 공감의 에너지를 그는 생생하게 간직하고 있었다.

"드래프트 얼마 안 남은 거 알지? 죽을 힘을 다해 해봐."

만약 감독이 선수가 몸 상태에 대해 말하는 것을 듣고 이런저런 충고와 지시만으로 대화를 마무리했다면 선수는 별다른 마음의 동요 없이 다시 운동장을 향해 걸어 나갔을 것이다. 선수의 내면에 잠자고 있던 뜨거운 무언가를 끌어올린 것은 "그래?" 라는 두 글자에 담긴 감독의 호기심, 관심이었다.

○ 코치 라운드 노트 ○
운동선수는 단순해야 한다는 말

프로야구 중계를 보다가 재밌는 장면을 보았다. LG 트윈스의 김현수 선수가 홈런을 치고 덕아웃으로 들어왔다. 옆에 있던 문보경 선수가 다가와 "체인지업이었어요?" 하고 물었고, 김현수 선수가 "몰라!"라고 답을 하는 모습이 방송 카메라에 잡혔다. 글로 적으니 퉁명스럽게 느껴질 수도 있지만 김현수 선수의 "몰라!"라는 말이 후배의 질문이 귀찮아서 툭 내뱉은 말로 느껴지지는 않았다. 그보다는 타자가 최고의 퍼포먼스를 보여주는 순간에 의식이 어떻게 작동하는지를 알려주는 말이라는 생각이 들었다.

김현수 선수는 날아오는 공을 지각하고 배트를 내서 공을 때리는 1초도 안되는 그 순간에 "몰라!"라고 밖에 말할 수 없는 상태로 빠져들어갔다. '체인지업이구나. 타이밍을 조금 늦춰서 때려야지.'라는 생각도 일어나지 않는, 그야말로 무념무상(無念無想)의 모드라고 할 수 있다. 어떻게 보면 생각과 연결되어 있는 전두엽의 스위치가 꺼진 상태다. 그동안 타석에 서며 입력된 수많은 시각정보와 다양한 스피드와 궤적의 공에 반응하며 배트를 휘두른 기억이 하나의 프로그램으로 작동해 그 순간 '자신도 모르게' 펼쳐졌을 뿐이다. 보스턴 레드삭스의 타자 육성 디렉터인 제이슨 오차트 코치는 최고의 타자들은 타격을 하는 바로 그 순간에 '블랙 아웃(black out)'에 빠진다는 재밌는 표현을 했다[11].

"아주 흥미롭습니다. 제가 어떤 구종이었는지, 어디로 들어온 공인지 물어보면 기억을 하지 못합니다. 그냥 공을 보고 쳤다고 하죠."

이는 코치들이 흔히 말하는 '운동선수는 단순해야 한다'는 말과도 통하는 이야기다. 경기 중에 쓸데없는 생각은 대체로 경기력을 방해하는 경우가 많으며, 그래서 많은 선수들은 저마다의 루틴을 만들어 마운드나 타석에서 자신의 머릿속을 최대한 단순하게 만들기 위해 노력한다.

하지만 나는 '운동선수는 단순해야 한다'는 말이 남용되는 경우도 자주 목격하고 있다. 일부 지도자들은 선수가 나름대로 공부한 이론을 적용하거나, 새로운 도구를 이용하거나, 영상이나 데이터 피드백을 활용해 연습하는 모습

---

11 Fangraph 2016년 9월 15일 기사 'What Can Hitters Actually See Out of a Pitcher's Hand?'

등을 탐탁치 않게 여기며 '운동선수는 단순해야 한다'는 말을 사용한다. 운동은 몸으로 하는 거지 머리로 하는 게 아니라는 말을 덧붙인다. 이런 말은 코치와 선수의 대화를 가로막을 뿐 아니라(이런 말을 들은 선수가 코치에게 무슨 말을 할 수 있을까) 운동에 대한 오해(과연 인간의 움직임은 몸의 작용에 국한된 것인가)를 불러일으킬 소지가 다분하기 때문에 주의해서 사용해야 한다고 나는 생각한다.

도쿄올림픽 미국대표팀에서 선발투수로 활약했으며 메이저리그에서 꾸준한 성적으로 활약하고 있는 닉 마르티네스 선수는 일본 NPB에서 선수 생활을 하며 드라이브라인 아카데미의 피치디자인 인증 과정과 랩소도 교육 프로그램을 온라인으로 수강하였다. 공부를 하며 허벅지 근육에 과도하게 의존하는 투구폼의 문제를 발견했다. 그 부분을 개선해야 지면반력을 보다 잘 이용할 수 있다는 결론을 나름대로 내렸다. 자신이 공부한 내용을 바탕으로 축이 되는 다리를 조금 더 오래 지면에 머물게 해서 뒤쪽 고관절이 보다 빠르게 회전할 수 있는 투구폼으로 발전시켰다. 그리고 피칭 데이터 측정 도구인 랩소도를 보며 피칭을 하면서 자신이 던지는 구종들을 보다 날카롭게 가다듬었다. 이런 노력의 결과, 닉 마르티네스는 일본으로 오기 전보다

시속 7km 가까이 패스트볼 구속을 향상시키며 2021년 시즌에 149이닝 1.62의 평균자책점을 찍었다. 이듬 해에 자신이 소망하던 메이저리그로 복귀할 수 있었다.

닉 마르티네스처럼 어떤 거창한 교육 과정을 선수들도 찾아 공부해야 한다는 이야기는 당연히 아니다. 하지만 탐구심과 학습능력을 발휘해 자신에게 필요한 정보를 찾고, 그것을 운동에 적용시켜 보려는 선수의 노력을 '운동선수는 단순해야 한다'는 말로 폄하해서는 곤란하다. '운동선수는 단순해야 한다'는 말은 선수가 공을 잡고 던지는 '바로 그 공간과 시간'에 필요한 의미있는 메시지가 분명하다. 하지만 그 밖의 상황에서 이 말은 선수의 자발적인 탐구와 자기주도적인 연습을 가로막는 장애물로 작용할 수도 있다. 코치에게 모든 것을 의지하는 선수를 코치도 바라지 않을 것이다. 나에게 김현수 선수의 "몰라!"는 1초도 안되는 타석에서의 '그 순간'을 무념무상의 상태로 움직이기 위해, 머리와 몸으로 치열하게 고민하고 싸워온 자의 사자후로 들린다.

3장

**같은 말.
비슷한 동작.
다른 감각.**

조용필의 '그땐 그랬으면 좋겠네', 변진섭의 '너에게로 또다시', 윤종신의 '오래전 그날', 윤상의 '가려진 시간 사이로'. 나처럼 젊은 시절에 90년대를 지나온 사람이라면 짧은 멜로디만 들어도 가사를 흥얼거리게 되는 발라드 명곡이다. 이 곡들은 모두 작사가 박주연씨의 작품이다. 어느 날 우연히 TV 프로그램을 통해 박주연씨가 노랫말을 쓴 뒷이야기를 들을 수 있었다.

어릴 때부터 꾸준하게 일기를 쓰면서 자신의 생각과 감정을 기록해 온 습관, 기존에 잘 쓰지 않는 표현을 도전적으로 사용해 보는 시도 등 박주연씨를 당대 최고의 작사가로 만든 여러 이유를 방송은 소개하고 있었지만, 나에게 가장 크게 와닿은 것은 그가 작사에 필요한 단어들을 미리 모아놓고 있었다는 사실이었다. 이를 테면 박주연씨는 '갑자기'라는 말과 비슷한 뜻을 가진 단어를 정리해 두었다고 한다. '문득', '불현듯', '느닷없이' 그래서 리듬과 멜로디에 맞게 비슷한 의미를 담은 적절한 단어를 선택할 수 있었다. 방송에는 박주연씨와 함께 작업을 했던 한 작곡가의 코멘트가 소개되고 있다. '버릇'이라는 단어가 가수의 입에 잘 붙지 않는다고 하면 비슷한 뉘앙스의 단어를 그 자리에서 20개를 말하곤 했다고 하니 그가 얼마나 다양한 표현을 준비하기 위해 신경을 썼는지를 알 수 있다. 나는 그 방송을 보며 곡에 어울리는 가사를 쓰기 위해 여러 단어를 준비하는 박주연씨의 노력이 선수마다의 고유한 감각과 연결하기 위해 고군분투하는 코치의 노력과 닮았다는 생각을 했다.

코치의 세일즈 마인드

말을 움직임과 연결하는 과정에서 코치와 선수 사이에는 필연적으로 미묘한 커뮤니케이션 오류가 생길 수밖에 없다. 언어는 인간이 가장 보편적으로 사용하는 의사소통 도구지만 한편으로는 은근히 불완전한 수단이기도 하다. 매일 말하고 듣고 읽고 쓰며 일상을 살아가기 때문에 언어의 불완전한 속성에 대해 좀처럼 인식하기 어려울 뿐이다. 우리는 자주 반복해서 하는 일들에 대해서는 그다지 관심을 기울이지 않는다. 심지어는 '잘 하고 있다'고 착각하기 쉽다. 말하기와 듣기가 대표적이다. 아마도 대부분의 사람들은 자신이 말을 하는 모습이나 상대의 이야기를 듣는 모습을 제대로 관찰한 경험이 없을 거라 생각한다. 자신이 누군가와 대화를 나누는 모습을 촬영해서 보면 많은 사람들이 화들짝 놀란다. 자신이 머릿속에 생각하고 있던 자기 모습과 실제의 자기 모습이 제법 다르다는 사실을 확인하고는 크게 당황한다.

　나 역시 그런 경험이 있다. 30대 초반에 영업을 시작했을 때 나는 고객과의 대화를 재현하는 연습을 하곤 했다. 대화를 하는 모습을 카메라로 녹화해 상사와 함께 보면서 리뷰를 했다. 영상은 적나라하게 나의 현재를 드러냈다. 숨을 곳도 변명할 곳도 없었다. '나 정도면 상대가 하는 말을 잘 듣는 편이지.' 아무 근거 없는 자부심으로 가득 차 있던 나는 상대의 말과 무관하게 하고 싶은 말만 하고 있는 나를 보며 부끄러워 카메라를 치우고 싶었다. 고객이 나의 설명을 제대로 이해했는지 체크하면서 대화를 진행해 나가는 것이 아니라 고객이 이 상품을 사야 하는 이유를 말하느라 정신이 나가 있었다. 고객의 니즈를 발견하기 위한 질문은 처음 대화를 시작할 때 한두 차례에 그치고 상대가 무슨 말을 하든 상품의 장점에 대해 떠드느라 바빴다. 내가 스스로에 대해 가지고 있었던 '경청을 잘 하고, 적절한 질문을 던지면서, 고객의 입장에서 대화를 풀어나가는' 고객 중심 세일즈맨의 이미지는 영상을 보며 처참히 무너지곤 했다.

당시의 나처럼 경험이 적고 미숙한 세일즈맨일 수록 설명하고 설득하려 든다. 그들의 초점은 고객이 아니라 자신이 파는 상품에 꽂혀 있다. 오랜 시간 공들여 익힌 지식을 쏟아내며 자신이 이 분야에 대해 얼마나 많이 알고 있으며, 상품이 얼마나 좋은지 호소하지만 고객은 세일즈맨의 입에서 나오는 대부분의 말에 관심이 없다. 장황한 설명에 머리만 더 복잡해진다. '그래서 어쩌라고. 네가 열심히 공부하는 것 같고, 좋은 상품 같기는 한데 나에게 필요한 건지는 모르겠어.' 말하는 사람이 민망할까봐 고개를 끄덕이고는 있지만 그건 형식적인 맞장구일 뿐이다.

이에 반해 경험이 많고 노련한 세일즈맨은 상품을 권하기 전에 먼저 잘 준비된 질문을 던지고 고객의 반응을 세심하게 관찰한다. 상품의 장단점에 대해 많은 것을 이야기해 줄 수 있지만 그보다 먼저 고객이 원하는 것이 무엇인지 알기 위해 많은 시간을 투자한다. 사실 고객도 자신이 어떤 자동차나 어떤 금융상품을 원하는지 명확히 알지 못한 채 세일즈맨을 만나는 경우가 많다. 최고의 세일즈맨은 적절한 질문을 통해 고객의 숨은 욕구를 발견해 낸다. 가족은 어떻게 되는지, 차를 주로 어떤 목적으로 사용하는지, 투자를 하려는 목적은 무엇인지 등을 물으며 고객과 상품을 하나씩 연결해 나간다. 질문에 답하는 고객의 표정과 태도를 부드러우면서도 매서운 눈으로 관찰하며 숨겨진 힌트를 찾고자 한다. 상품에 대해서도 많은 것을 알고 있지만 자신의 지식을 다 쏟아내는데 집착하지 않는다. 무엇보다 그들의 관심은 고객의 사정과 니즈에 맞춰져 있다. 그들에게 지식은 고객과의 접점을 찾기 위해 활용하는 수단일 뿐이다.

메이저리그 필라델피아 필리스와 샌프란시스코 자이언츠를 이끌었던 게이브 케플러 감독은 코칭이라는 것이 상당 부분 세일즈와 비슷한 측면이 있다며 단순하게 정보를 제공하는 것이 아니라 마케팅을 하고 팔려는 노력이 필요하다는 말을 했다[12]. 상거래에 능한 유태인의

---

12 Fangraph 2017년 12월 18일 기사 'Managers' View: Do Today's Players Understand the Game Better?'

피가 흘러서일까? 코치가 세일즈 능력을 갖춰야 한다는 케플러 감독의 메시지가 나는 흥미로웠다. 그러면서 주변에 내가 알고 있는 코치들의 모습을 떠올려 보았다. 선수의 잠재력을 끌어내는 능력이 탁월한 코치일수록 확실히 세일즈 마인드를 가지고 있다는 사실을 확인할 수 있었다.

코치가 제공하는 연습이나 조언, 피드백도 일종의 상품이다. 탁월한 성과를 이끌어내는 코치는 연습 방법이나 조언을 선수에게 전달하기 전에 먼저 충분한 시간을 들여 선수에 대해 알기 위해 노력한다. 평소에 무슨 연습을 주로 하는지, 신체적인 능력은 어느 정도 수준인지, 위기 상황에서 어떻게 대처하는지 등을 유심히 관찰한다. 어떤 문제를 발견했다고 해도 바로 처방을 내리기보다는 자신이 포착한 문제를 선수도 인식하고 있는지 확인하기 위해 조심스럽게 질문을 던진다. 세일즈 마인드를 가진 코치에게 '누구에게나, 언제나, 좋은 연습'은 존재하지 않는다. 한 때 크게 도움이 되었던 연습이라도 선수의 상태에 따라 한동안 멀리 하기도 한다. 어떤 선수를 변화시킨 드릴이라도 그 드릴의 효과를 맹신하지 않는다. 같은 드릴이라도 다른 선수에게는 전혀 도움이 되지 않을 수 있다는 생각으로 조심스럽게 연습을 준비한다. 선수에게 건네는 말도 마찬가지다. 자신의 말이 선수에게는 얼마든지 다른 감각으로 다가올 수 있다는 사실을 알고 있기에 자신의 말에 과도하게 집착하지 않는다. 자신의 말대로 움직임이 변하지 않는다고 해서 선수를 일방적으로 다그치지 않는다. 세일즈 마인드를 가진 코치는 선수의 감각에 맞추기 위해 다른 상품을 고민한다. 단어를 바꾸고, 질문을 바꾸고, 환경을 바꾸며 선수의 생각과 감각에 채널을 맞추려고 노력한다.

하나를 설명하기 위해 다섯 가지 다른 방식을 사용한다

나는 '모든 이해는 오해'라는 니체의 말을 좋아한다. 니체의 말은 모든 사람에게 적용되는 절대적인 진리는 존재하지 않는다는 의미로 해석되기도 하지만, 나는 사람 사이의 관계와 대화를 풀어나갈 때도 새겨두면 좋은 말이라고 생각한다. 상대의 말을 듣고 '알았다'는 생각이 들었다고 해서 그 사람이 말하고자 하는 뜻을 완전히 이해했다고 단정지을 수는 없다. 마찬가지로 상대가 말과 표정으로 '알았다'는 신호를 보낸다고 해서 나의 뜻이 100% 전달되었다고 믿어서는 곤란하다.

많은 야구코치들에게 영감을 준 피칭 이론가인 폴 나이먼씨는 '선수육성에서 가장 큰 문제는 언어'라는 말을 했다. 코치가 선수에게 전달하는 코칭큐[13]에 따라 실제 동작이 다르게 나타날 수 있기 때문에 코치는 말이 뇌에서 처리되는 신호에 불과하다는 점을 알아야 한다고 했다. 세계적으로 널리 알려진 트레이너 프란스 보쉬도 '선수의 몸은 코치의 말에 관심이 없다'는 유명한 말을 남겼다. 말은 운동기술을 지도하기 위한 효과적인 수단이 아니라는 점을 암시하고 있다.

말의 한계를 이해하고 있는 코치는 자신의 말이 원하는 변화로 늘 연결되는 것은 아니라는 사실을 받아들이면서 선수를 지도한다. 그래서 그들의 말은 신중하면서도 가볍다. 변화와 도약으로 이끌 수 있는 좋은 표현을 찾기 위해 오랜 시간 고민하지만 효과가 없다는 것을 알게 되는 순간 주저하지 않고 다른 방법을 찾는다.

"왜 알려준 대로 안 해? 무릎을 더 구부리면서 쏘라니까!"

---

[13] 연습이나 경기에서 어떤 동작을 수행하기 직전에 코치가 선수에게 건네는 말을 보통 '큐cue', '큐잉cueing', '코칭큐coaching cue'라고 부른다. (예) 공이 가장 높이 있을 때 때려! 뒷다리를 쭉 뻗으면서 뛰어!

"몇 번을 말해야 알아들어? 허리부터 돌리라니까?"

하지만 같은 말이라도 선수마다 다르게 와닿을 수밖에 없다는 점을 인식하지 못하고 선수를 어려움에 빠뜨리는 코치들의 이야기를 종종 듣는다. '왜 시키는 대로 하지 않냐'고 코치는 답답해하지만 선수는 '시키는 대로 했는데도' 잘 되지 않아 죄책감과 좌절감을 느낀다.

코치의 단어 선택의 중요성
(부치 체이핀 감독의 미국야구코치협회 컨벤션 강연)

워싱턴 내셔널스의 피칭 코디네이터인 브래드 홀먼 코치는 하나의 동작을 설명하기 위해 다양한 방식을 동원한다[14]. 홀먼 코치는 자신의 말을 선수가 이해하지 못하는 것 같으면 비슷하지만 다른 표현으로 선수의 변화를 도모한다. 선수는 코치의 말에 긍정적으로 반응해야 한다는 압박을 느끼기가 쉽다. 비단 선수가 아니더라도 우리 모두는 자신에게 관심을 보내고 정성을 기울이는

---

14   mlb.com 2013년 6월 24일자 기사 "Triple-A pitching coach helping young, old pitchers have impact in Majors."

사람을 실망시키고 싶지 않은 마음이 있다. 그래서 실제로는 그렇지 않은데도 코치의 가르침이 잘 통하는 것처럼, 좋은 변화가 일어난 것처럼 말하기도 한다. 선수의 그런 심리를 잘 알고 있는 홀먼 코치는 몇 가지 질문을 던져 자신의 말이 제대로 전달되었는지를 분명하게 확인한다. (1) 논리적으로 말이 된다고 생각하는지? (2) 느낌이 좋은지? (3) 결과가 좋은지?

선수는 홀먼 코치가 제공하는 여러 코칭큐에 따라 연습을 이어 나가다가 어느 순간 '아하!' 하는 깨달음과 만난다. 선수의 주변을 맴돌던 코치의 말이 선수의 뇌를 거쳐 근육과 관절에 스며드는 순간이다. 저스틴 그림 선수는 다음과 같이 홀먼 코치와 연습을 했던 경험을 이야기한다.

"이해할 수 없는 한 가지 방식으로만 설명하는 코치들이 많지만 홀먼 코치는 하나를 설명하기 위해 다섯 가지 다른 방식을 사용합니다. 그 중에 하나는 맞아 떨어질 수 있죠."

홀먼 코치의 코칭 사례를 소개한 메이저리그 홈페이지의 기사를 읽고 나는 그에게 메일을 보냈다. 당시 텍사스 레인저스 마이너리그팀의 코치로 있던 그에게 우리나라의 코치들과 코칭언어를 주제로 클리닉을 진행해 보자는 제안을 했다. 비록 여러 사정이 맞지 않아 홀먼 코치의 한국 방문은 성사되지 않았지만 그는 메일을 주고받으며 기억에 남는 몇 가지 말을 남겼다. 그는 자신의 지식이나 경험은 선수에게 전혀 중요한 게 아니며, 자신이 알고 있는 것이 무엇이든 그것이 선수에게 제대로 전달되었을 때 비로소 가치있는 정보가 된다고 이야기했다. 그는 상품보다 고객에 초점을 맞추는, 세일즈 마인드가 충만한 코치였다.

코칭큐에 따라 달라지는 움직임

운동학습 분야의 연구로부터 나온 개념인 '코칭큐(coaching cue)'라는 단어에서도 코치의 말이 지닌 속성을 우리는 이해할 수 있다. 언제부턴가 해외의 코치나 트레이너의 말 속에서 '큐'라는 표현이 자주 들리기 시작했다. "뒤쪽 골반을 조금 더 빨리 돌려봐.""머리가 발 위에 와야 해.""저 위에 걸려 있는 타겟에 공을 맞추는거야." 이렇듯 선수가 어떤 동작을 시작하기 직전에 코치가 건네는 마지막 말을 보통 큐라고 한다. 큐라는 말을 처음 들었을 때 이 익숙하면서도 낯선 표현에 궁금증이 생겼다. 왜 많은 표현들 중에 큐라는 단어를 사용했을까?

영화나 드라마를 찍을 때 보면 감독이 '큐' 사인을 준다. 그러면 배우는 시나리오를 바탕으로 연기를 하기 시작한다. 시나리오와 대사는 어느 정도 정해져 있지만 반드시 그대로 해야 하는 것은 아니다. 촬영이 진행되는 시간과 공간 속에서 어떻게 연기를 할지는 전적으로 배우의 몫이다. 가끔은 현장의 돌발적인 상황과 분위기에 따라 시나리오에 없는 애드리브를 하기도 한다.

"밥은 먹고 다니냐?" 봉준호 감독을 세상에 알린 영화『살인의 추억』클라이막스 부분에 송강호씨(형사 박두만 역)가 내뱉는 말도 원래 시나리오에는 없는 대사였다고 한다. 봉준호 감독은 송강호씨에게 "마지막에 박두만이 한 마디 할 것 같은데…" 하면서 그 장면을 찍기 한참 전부터 송강호씨에게 화두를 던졌다고 한다. 한국 영화사에서 최고의 명대사 중 하나로 꼽히는 저 말은 송강호씨가 몇날며칠을 고민하는 와중에 현장에서 툭 튀어나온 대사로 알려져 있다. 배우에게 큐는 시나리오를 바탕으로 현장의 분위기와 상대 배우와의 호흡 등 모든 상황을 고려해 자신만의 연기를 발산해 보라는 사인이다. 선수에게 큐도 그런 맥락이 아닐까 그 탄생(!)의 배경을 추측해 본다. 반드시 따라야 할 어떤 절대적인 지침이라기보다는 코치의 말을 등불 삼아 자신만의 움직임을 끄집어내라는 하나의 힌트[15]!

코칭큐는 선수에게 맞는 육성 방식을 고민하는 많은 코치, 트레이너들의 노력으로 세분화되면서 발전하고 있다. 메디신볼을 던지는 훈련을 한다고 해보자. 골반, 몸통의 회전 스피드와 파워를 향상시키기 위해 많은 종목의 선수들이 다양한 방식으로 하는 운동이다.

"뒤쪽 골반을 최대한 빠르게 돌려!"

"배꼽이 최대한 빨리 앞을 향하도록!"

보통은 이렇게 신체의 특정 부위의 움직임을 구체적으로 지시하는 코칭큐를 많이 사용한다. 선수가 몸에 주의를 기울이도록 하기 때문에 내적큐(internal cue)라고 부른다[16].

"벽을 무너뜨린다 생각하고 벽을 향해 최대한 세게 던져!"

이렇게 몸이 아닌 외부의 특정 타겟에 주의를 기울이

---

15 실제로 영어 단어 'cue'는 '사인, 힌트'라는 뜻도 가지고 있다.

16 내적 주의 초점(internal attention focus)을 불러 일으키는 큐(cue)를 보통 내적큐라고 부른다.

거나 과제에만 초점을 맞추도록 코칭큐를 주기도 한다. 몸을 어떻게 움직여야 하는지에 대해서는 특별히 신경을 쓰지 않기 때문에 외적큐(external cue)라고 부른다.[17] 네덜란드에서 야구 코치들이 연습 때 사용하는 말을 4주에 걸쳐 녹음하고 분석한 연구에 따르면 코치들이 선수들에게 제공한 큐 중에 70%가 내적큐라고 한다. 코치들은 동작과 메카닉 중심으로 선수의 문제를 접근해 온 오랜 관행 때문에 내적큐를 많이 사용하는 경향이 있다.

 내적큐와 외적큐의 차이를 쉽게 이해할 수 있는 영상

보스턴 레드삭스의 Hitting Development & Program Design 디렉터인 제이슨 오차트 코치는 2016년에 메이저리그 타자를 상대로 코칭큐에 따라 퍼포먼스가 어떻게 달라지는지 간단한 테스트를 진행했다[18]. 손에 집중

---

17 외적 주의 초점(external attention focus)을 불러 일으키는 큐(cue)를 보통 외적큐라고 부른다.
18 Fangraph 2016년 12월 14일 기사 'Hitting and the Power of Suggestion'

하도록 하는 코칭큐(내적큐)인지 배트에 집중하도록 하는 코칭큐(외적큐)인지에 따라 스윙 궤적, 신체의 움직임 속도, 배트가 히팅존에 머무는 거리 등이 달라질 수 있다는 사실을 배트센서를 통해 확인했다.

"손을 컨택 포지션으로 최대한 빨리! (Hands to slot!)"

"배트를 컨택 지점으로 최대한 빨리! (Quick to ball!)"

이렇게 내적큐와 외적큐에 따라 스윙의 퍼포먼스가 어떻게 달라지는지를 관찰했다. 손에 집중하는 내적큐에 따라 스윙을 했을 때 손의 움직임 속도는 24mph로 배트의 움직임에 집중하는 외적큐보다 3mph가 더 빨랐다. 하지만 스윙이 히팅존에 머문 거리는 23인치로 5인치 정도 크게 줄어들었다. 스윙이 히팅존에 오래 머무를수록 타자가 공을 때릴 확률은 높아진다. 발전시키고자 하는 기술이 무엇인지에 따라 코칭큐도 달라져야 함을 보여주는 사례라고 할 수 있다.

이번에는 피칭 동작으로 코칭큐의 세계를 조금 더 들여다보자. 투수는 마운드 위의 투구판을 밟고 공을 던진다. 투구판을 힘차게 밀면서 앞으로 나가는 동작은 전체적인 투구 밸런스와 공의 스피드에 영향을 미친다. "발의 안쪽으로 투구판을 빵! 차면서 앞으로 나가!" 코치는 이와 같이 발의 감각에 초점을 맞춘 내적큐로 파워풀한 움직임이 나타나도록 선수를 자극할 수 있다(내적큐). 좀처럼 폭발적인 움직임이 느껴지지 않는다면 "포수 쪽으로 몸이 마치 대포가 되어 날아간다는 느낌으로 튕겨져 나가는거야!" 이렇게 신체의 감각에는 신경쓰지 않게 하는 방식으로 접근할 수도 있다(외적큐).

구로다 히로키는 메이저리그에서 79승, 일본프로야구에서 124승을 기록한, 그야말로 야구계의 레전드다. 구로다는 투구판을 밟고 앞으로 나가는 동작을 설명하며 투구판을 최대한 길게 지면으로 '비틀어 넣는' 이미지를 사용한다는 말을 했다. 그는 비틀어 넣는다는 표현 외에도 다음과 같은 재밌는 비유로 자신의 투구 동작을 설명했다.

"가장 중요한 것은 지탱하는 다리입니다. 오른쪽 다리로 단단히 섰을 때 스파이크 안에서 나무뿌리가 뻗어나오며 지면에 힘을 분산시키는 이미지로 섭니다. 그것이 저에게 있어서는 가장 중요한 포인트입니다."

투수가 다리를 들어 힘을 모으는 순간을 구로다는 이렇게 '나무뿌리'에 비유해 표현했다. 무릎을 단단하게 고정한다거나 발목에 힘을 준다는 말 대신 나무뿌리의 이미지를 떠올리며 동작을 실행했다는 점이 나는 인상적이었다. 잡다한 생각은 경기력의 적이기 때문에 구로다는 경기 전에 딱 이 두 가지 포인트만 염두에 두고 피칭 연습을 했다고 한다. 나무뿌리가 뻗어 나오며 지면에 힘을 분산시키는 이미지. 투구판을 최대한 길게 지면으로 비틀어 넣는 이미지. 그가 언어의 형태가 아닌 이미지를 일종의 코칭큐로 사용한 점을 우리는 주목할 필요가 있다.

너희는 특수요원이다!

동네에서 고무공을 가지고 공놀이를 하다가 딱딱한 야구공을 처음 접하면 공이 무서워서 자꾸 얼굴을 피하는 아이들이 많다. 가끔은 프로 레벨의 선수들도 강한 타구가 정면으로 날아올 때 머리를 옆으로 피하곤 한다. 자신의 몸을 지키려는 자연스러운 현상이다. 그래서 많은 코치들은 공을 피하지 말고 끝까지 보라고 수시로 강조한다. 초등학교에서 유소년 선수를 지도하는 김정록 감독은 공이 무서워서 자꾸 피하는 어린 선수들을 보며 고민에 빠졌다. '공을 끝까지 보라'는 말이 다소 식상하게 느껴졌다. 뭔가 어린 아이들에게 맞는 다른 연습 방법이 있지 않을까 고민하다가 특수요원 놀이를 떠올렸다.

"자. 이제부터 너희들은 특수요원이다. 우리의 미션을 완수하려면 암호가 필요해. 암호는 날아오는 공에 적혀있어. 공은 계속 회전하니까 끝까지 잘 봐야 무슨 글자가 적혀있는지 알 수 있겠지? 공을 잡고 나서 날아오는 공에 무슨 글자가 적혀있었는지 말하는거다."

나는 코칭언어스터디에서 김정록 감독으로부터 이이야기를 듣고 참신하면서도 효과적인 방식이라 생각했다. 김정록 감독이 디자인한 연습에는 '공에 적혀있는 글자를 보면서 공을 잡는다'는 코칭큐가 숨어 있다. 공에 적혀 있는 글자를 보라는 코칭큐는 공을 끝까지 보라는 코칭큐보다 과제가 구체적이다. 결과에 대한 피드백도 분명하다. 글자를 확인하는데 성공했거나 실패했거나. 마치 게임을 하는 듯한 분위기로 연습의 공기는 가벼워지지만 선수들의 몰입도는 오히려 더 커진다. 더 재미있기 때문이다. 모든 연습이 재미있어야 하는 것은 아니지만 대체로 재미있는 연습에 선수들은 더 집중하고 몰입한다. '더 좋은 방법이 있지 않을까?' 이 질문은 코치가 습관적으로 사용하는 코칭큐에도 그대로 적용될 수 있다. '더 좋은 코칭큐가 있지 않을까?'

2021년부터 진행하고 있는 코칭언어스터디는 상상과 이론의 세계에 머물러 있는 나에게 현장의 이야기를 들을 수 있는 소중한 기회. 오른쪽 위로부터 시계 방향으로 수진초등학교 야구부 김정록 감독, 더케이 베이스볼 이제우 코치, 윤형준 트레이닝 센터 윤형준 트레이너, 베이스골프 남민우 프로

　한국을 대표하는 타자 이정후 선수가 고교 시절에 코치가 해준 말을 한 미디어와의 인터뷰에서 소개한 적이 있다[19]. 나는 이정후 선수의 스윙을 볼 때마다 감탄하곤 한다. 타구에 강력한 힘을 전달하기 위해 풀스윙을 하면서 컨택도 최상급으로 유지하고 있다는 사실이 놀랍다. 이정후 선수는 어릴 때부터 단지 출루를 하기 위해 툭툭 치고 싶지는 않았다고 하면서 고교 시절 코치의 조언이

19　한겨레신문 2023년 1월 19일 기사 '이정후 "히어로즈는 나에게 '로또'…우승 안기고 빅리그 간다"'

큰 도움이 되었다고 기사에서 밝히고 있다. 코치는 이 정후 선수가 스윙을 끝까지 제대로 하고 1루로 뛰는 습관을 만들어주기 위해 "타격을 하고 바로 뛰지 말고 2초 후에 뛰라"는 특별 지시를 했다고 한다.

엄밀하게 말을 하면 타격을 하고 정확히 2초 후에 뛰는 건 실제 경기에서는 불가능하다. 타자가 보통 1루까지 닿는 시간이 빠르면 4초이고 왠만해서는 5초를 넘기지 않는데 그 시간의 반을 타석에 서서 보낸다? 사실상 있을 수 없는 일이다. 하지만 2초라는 명확한 '시간제약[20]'

---

20 '제약constraints'은 최근 스포츠 코칭 영역에서 많은 코치들의 입에 오르내리고 있는 개념이다. 운동학습에서 중요한 개념으로 다루어지고 있는 '제약'은 선수의 변화를 유도하기 위해 사용되고 있다. 선수에게 어떤 메카닉의 문제가 발견되었을 때 말로 고쳐야 할 부분을 반복해서 주문하기 보다는 환경에 '제약'을 세팅해서 어떤 특정 동작을 못하게 한다. 여기서 제약은 도구나 장비를 이용할 수도 있고, 이정후 선수의 경우처럼 시간을 이용할 수도 있다. 이정후 선수를 지도한 고교 시절 코치는 2초라는 '시간제약'을 이용해 스윙을 어설프게 마무리하지 못하도록 이끌었다.
'시간제약'을 이용한 메카닉 교정의 대표적인 예로 많은 투수코치들이 사용하는 '1초 이내에 앞발 닫기'가 있다. 피칭 동작을 시작하고 1초 이내에 앞발이 땅에 닿아야 하는 '시간제약'을 세팅한다. 피칭 바이오메카닉스의 구루인 톰 하우스 코치가 중요하다고 강조하는 연습 방식이기도 하다. 1초라는 '시간제약'을 즐겨 사용하는 투수코치들은 '시간제약이 있을 때 인체는 가장 효과적인 움직임 솔루션을 스스로 찾아낸다'고 말한다. 1초 이내에 빠르게 움직여야 하는 '시간제약'이 불필요한 동작들을 자연스럽게 없애준다고 주장한다.

이 스윙동작에 미치는 영향은 단순히 "배트를 끝까지 돌려", "스윙을 완전히 다 하고 뛰어" 이런 말보다 훨씬 생생하게 다가올 가능성이 높다. 보다 명확한 행동 지침으로 작용하기 때문이다.

이렇듯 코칭큐는 실제 벌어지는 현상을 정확히 반영하거나 묘사할 필요는 없다. 경험이 많은 코치는 그래서 변화를 이끌어내기 위해 표현을 과장하거나 언뜻 들어서는 말이 안 되는 것 같은 코칭큐를 적절히 곁들이기도 한다. 유소년 야구선수를 지도하고 있는 S코치가 들려준 재밌는 사례가 있다. S코치에게는 과도한 크로스 스탠스로 공을 던지는 중학생 왼손 투수가 있었다. 투구폼은 저마다의 신체 구조와 힘을 쓰는 방식에 기반해 만들어지기 때문에 투구 동작을 교정하는 작업은 신중하게 접근해야 한다고 S코치는 생각한다. 하지만 그 선수는 내딛는 앞발이 거의 1루쪽을 향할 정도로 과한 크로스 스탠스 동작으로 공을 던지고 있었다. S코치는 타자의 눈에 낯설게 보이는 장점보다 공을 강하게 던지지 못하는 단점이 보다 크다고 판단했다. 아직 어린 선수이기 때문에 공을 보다 힘차게 던지는 게 중요하다고 생각해서 선수와 충분히 대화를 나눈 후에 앞발이 조금 더 홈플레이트 쪽으로 향하도록 메카닉을 수정하기로 결정했다.

하지만 오랜 시간 연습을 하며 몸에 기억된 동작은 변화를 쉽게 허락하지 않았다. "앞발을 앞으로! 엉덩이가 포수 오른쪽을 향한다는 느낌으로!" S코치는 목표로 하는 움직임을 만들기 위해 다양한 코칭큐를 사용해 보았지만 좀처럼 앞발을 내딛는 위치는 달라지지 않았다. 그래서 다소 극단적인 접근법을 시도해보기로 했다.

"3루를 밟고 던진다는 느낌으로 해볼까?"

투수가 3루를 밟고 던지는 일은 물리적으로 불가능한 일이다. 하지만 이 말도 안되는 코칭큐가 변화를 이끌어 내는 촉매가 됐다. 선수의 앞발이 그제서야 앞으로 향하기 시작했다. S코치는 이 코칭큐와 더불어 앞발을 내딛어야 하는 위치에 스티커를 놔주면서 선수에게 시각적인 타겟을 제공해 주었다. 작은 변화들이 쌓여 선수는 결국 원하는 지점에 앞발을 내딛을 수 있었다. 변화의 단초가 된 것은 3루를 밟고 던지라는 현실과 동떨어진 말이었다.

S코치는 이 에피소드를 나에게 들려주면서 이런 방식의 지도를 할 때 자신의 마음에 일어난 생각에 대해서도

이야기해 주었다. '이렇게 가르쳐도 되나?' S코치는 왠지 신체의 움직임을 정확하게 알려주지 않고(내적큐) 이런 방식으로(외적큐) 지도를 하면 코치로서 일을 대충대충 하는 것처럼 느껴져 주저하게 된다는 말을 했다. 나는 약간의 죄책감이 묻어 있는 S코치의 고백을 들으며 코치의 심리에 대해 새롭게 이해할 수 있었다. 특히 우리나라의 스포츠 코치들은 동작과 메카닉에 관심이 많은 편이다. 움직임의 문제를 발견하고 개선하는 작업은 다른 어느 나라의 코치들보다 뛰어난 지식과 감각을 가지고 있다. 하지만 그러다 보니 동작의 관점으로만 운동 기술을 바라보는 오류를 범하기도 한다. 사용하는 코칭 큐 역시 몸을 가리키는 단어에서 벗어나지 못하는 경우가 많다.

놀런 라이언, 랜디 존슨과 같은 대투수는 물론 톰 브래디, 드류 브리스 등 NFL의 레전드 쿼터백의 쓰로잉 코치이기도 했던 톰 하우스 코치는 코치들 모두가 '큐 발굴자(cue finder)'가 되어야 한다고 말한다. 하나의 큐가 통하지 않을 때 선수의 감각과 연결될 수 있는 또 다른 큐를 준비하고 있어야 한다는 당부다. 늘 듣는 코칭 큐만 반복하면 선수의 감각도 경계가 정해진 안전지대

2022년 겨울, 시카고에서 열린 미국야구코치협회 컨벤션에서 톰 하우스 코치를 만났다. 톰 하우스 코치는 내 삶의 롤모델이다. 그의 한 마디 한 마디에는 야구를 넘어 삶 전체를 꿰뚫는 통찰이 천진난만한 유머와 함께 담겨 있다. 톰 하우스 코치의 글이나 트윗 포스팅을 읽으며 나의 생각이나 믿음이 깨지는 경험을 자주 했다. 톰 하우스 코치를 만나 나는 헌정 티셔츠를 만들어 전해드렸다. 그는 '나 이거 매일 입을거야.' 하면서 함박웃음으로 반겨주셨다. 늘 창의적인 아이디어로 코치라운드에서 내는 책의 표지를 만들어 주고 있는 조재영씨가 만든 로고가 일품이었다. 톰 하우스 코치의 얼굴에 나타나는 특징적인 요소를 기가 막히게 잡아낸 걸작이다. 로고가 마음에 들었는지 톰 하우스 코치가 만든 아카데미인 NPA에서 이 로고를 사용해도 되는지 물어왔다. 나는 당연히 수락했다. 톰 하우스 코치가 오래도록 건강히 활동하시길 기원한다.

에 머물기 쉽다. 그래서 톰 하우스 코치는 더 빠른 움직임, 더 파워풀한 동작을 선수가 하길 원한다면 선수가 얻고자 하는 감각에 맞게 코칭큐도 도발적이고 충격적일 필요가 있다고 말한다. 코치가 다채롭고 다양한 코칭큐를 준비하고 있으면 선수가 느끼는 감각의 차원은 넓어질 수밖에 없다.

톰 하우스 코치는 코치들이 흔하게 쓰는 코칭큐를 사용했다가 선수로부터 부정적인 피드백을 받은 자신의 흑역사(!)를 소개하며 코치가 '큐 발굴자'가 되어야 하는 이유를 강조한다. 톰 하우스 코치는 어느 쿼터백 선수의 쓰로잉 동작을 지도하다가 무심코 '밸런스'라는 말을 꺼냈다. '밸런스'라는 말을 듣자 선수가 이렇게 말했다고 한다. "코치님, 제가 만약 밸런스가 없으면 땅으로 쓰러질 거에요. 다른 큐로 알려주세요."

'밸런스'와 같이 많은 코치들이 선수의 동작을 지도하며 오랫동안 습관적으로 사용해온 말들이 있다. 그런 말일수록 말에 붙어 있는 권위에 눌려 선수는 잘 모르겠다고 말하기가 어렵다. 밸런스를 잡으라는 코치의 말을 제대로 따르지 못하는 스스로를 자책하며 힘든 시간을 보낼 수도 있다. 그래서 톰 하우스 코치는 자신이 사용하는 말을 늘 선수의 입장에서 생각하면서 다양한 큐를 준비하고 있어야 한다고 강조한다. '내가 말한 밸런스는 이 선수에게 어떤 의미로 받아들여지고 있을까?'

부사가 동사를 지배하는 멘탈만능주의 문화

　나는 우리 스포츠 문화가 부사 위주의 표현을 과도하게 사용한다는 생각을 가지고 있다. 물론 스포츠는 상당 부분 사회 문화의 반영이기 때문에 비단 스포츠에만 해당하는 일은 아닐 것이다.

　'최선을 다해, 열심히, 자신감을 가지고, 간절하게, 열정을 가지고, 죽을 힘을 다해, 이번이 마지막이라 생각하고.'

　이런 말들은 대개 일을 하는 태도나 마음가짐에 방점이 찍혀 있다. 부사가 강조되는 세상에서는 당연히 다른 품사들이 힘을 잃게 된다. 세상 모든 일에 마음가짐과 태도는 중요하다. 이를 부정하고 싶은 마음은 없다. 하지만 이렇게 정신력이나 태도와 관련한 부분을 지나치게 강조하면 더 나은 방법을 실질적으로 탐구하는 명사적인 접근법과 동사적인 노력에 대한 관심이 떨어질 수밖에 없다. 이는 특히 선수보다는 코치가 곱씹어보아야 할 대목이다. 선수의 퍼포먼스가 저조할 때 멘탈 문제로 간단히 이유를 돌려버리면 진짜 문제가 무엇인지 살펴볼 기회를 잃어버리게 된다.

나는 N코치로부터 선수가 경기장에 오래 서있을 때 어떤 일이 벌어지는지 재미있는 이야기를 들었다. 가끔 투수가 제구에 난조를 보이거나 상대의 공격이 불타올라 20분 넘게 수비를 하는 경우가 생긴다. 그렇게 오래 서있게 되면 피가 다리 쪽으로 몰리며 혈액순환이 제대로 이루어지지 않는다. 자연스레 신체 전반의 기능이 떨어지면서 운동능력과 판단능력도 저하된다. 그렇기 때문에 수비하는 시간이 늘어나면 야수들이 실수를 할 확률도 그만큼 커진다.

이런 상황에서 실수를 하면 많은 코치들이 선수들의 집중력 부족을 탓한다. 그런데 실은 멘탈의 문제가 아니라 생리적인 문제일 가능성이 크다고 N코치는 말했다. 나로서는 야구를 보며 한 번도 생각해 보지 않은 관점이었다. N코치는 아래와 같은 말도 덧붙이면서 '빠졌다'는 말을 남발하는 문화를 지적했다.

"자기 눈 앞에 굴러오는 공을 잡고 싶지 않은 선수가 누가 있겠습니까? 차라리 투수교체 시간 등을 활용해 잠시 바닥에 앉아 다리를 쉰다던지, 모습이 웃기기는 하겠지만 잠깐 누워서 몸을 이완하며 혈액순환을 촉진하는 방법을 알려주는 것이 실제 집중력을 높이는데 도움이 될 수도 있습니다. 얼마 전에는 한 고등학교를 방문해 연습을 지켜보다가 '빠졌다'는 이유로 선착순을 도는 모습에 가슴이 아팠습니다. 그 선수들 모두 2시간 넘게 앉지도 못하고 운동장에서 땀을 흘리고 있는 중이었습니다. 제가 볼 때는 '빠지지 않기가' 더 어려워 보였습니다."

사실은 체력이나 기술의 문제인데 멘탈의 문제로 쉽게 단정짓는 경우가 많다고 나는 느낀다. 몸의 문제가 해결되었을 때 열심히 하고 싶은 마음도 더욱 커지고 자신감이 돌아오기도 한다. 선수에게 어떤 문제가 발견되면 정신력을 탓하며 무작정 더 열심히 하라고 주문하기보다 '무엇이 문제인지'를 먼저 살펴보는 게 우선이지 않을까? 선수에게 "자신감 있게!"를 반복해서 외치기 보다 선수가 자신감을 가질 수 있도록 연습과 경기의 난이도를 조정하려는 노력이 필요하다. 간절함이 부족해 보이는 선수가 있다면 어떤 말 못할 고민으로 힘들어하고 있을 수 있다. 강한 멘탈과 정신력을 선수에게 요구하기 전에 코치가 살펴볼 것들이 무척 많다.

나는 상당수의 코치들이 선수 때의 마인드셋을 코치가 되어서도 버리지 못하고 있는 듯해서 아쉽다. 10번 반복할 것을 20번 하겠다는 의지를 불태우는 게 선수의 마인드셋이어야 한다면, 10번 반복할 것을 5번 만에 깨닫게 해줄 방법을 고민하는 게 코치의 마인드셋이어야 한다고 나는 생각한다.

4장

선수의 자각을 돕는 코치의 말

몇 년 전에 차를 바꿨을 때의 기억이다. 10년 넘게 탄 차를 바꾸어서인지 예전 차에는 없던 화면이 자동차 계기판에 표시되어 있었다. 실시간으로 연비의 변화를 알려주는 화면이었다. 때마침 기름값이 갑작스럽게 치솟던 시절이라 조금이라도 아껴보려는 마음으로 연비를 표시해주는 화면을 띄워놓고 운전을 하기 시작했다. 나의 고질적인 난폭 운전 습관을 바로잡고 싶은 마음도 있었다. 나는 출발을 하면서 특별히 바쁜 사정이 없는데도 급가속을 하곤 했는데 워낙 오랜 습관이라 쉽사리 고쳐지지 않고 있었다.

계기판에는 지난 50km의 평균 연비가 계속 바뀌며 표시되었다. 운전 중에 페달을 밟는 움직임에 따라 연비가 변하는 모습이 바로바로 보이니 가속 페달을 밟는 습관이 빠르게 교정되는 것을 느꼈다. 출발을 하면서 급가속을 하면 15~16이었던 연비가 순식간에 2~3으로 떨

어졌다. 고속도로에서 페달을 밟아 속도를 내고 싶은 충동을 억제했을 때 연비가 야금야금 10,11,12로 높아지는 모습을 보며 묘한 쾌감을 느꼈다. 숫자의 변화를 의식하면서 운전을 하니 발의 느낌에 더욱 민감해졌다. 그렇게 나는 별 거 아닌 연비 화면을 보며 고질적인 급가속 운전 습관을 제법 고칠 수 있었다.

'천천히 몰아야지'라는 여러 번의 다짐보다 숫자로 표시된 연비 정보가 나의 운전 습관을 더 효과적으로 변화시킨 것처럼 객관적인 피드백을 통한 '자각(自覺)'은 변화를 촉발하는 큰 동력이 된다. 자각이란 말 그대로 자신의 현재 상태에 대해 있는 그대로 아는 것이다. 변화를 이야기할 때 '간절한 꿈'이나 '분명한 목표' 같은 정신적인 요소들을 강조하는 사람들이 많다. 하지만 변화의 과정에서 꿈이나 목표만큼 중요한 요소가 현재 자신의 상태에 대한 분명한 인식이다. 네비게이션의 전원이 켜지면 가장 처음에 하는 작업도 운전자의 현재 위치를 확인하는 일이라고 한다. 모든 변화는 바로 '지금 여기'에서 시작되기 때문이다.

노무라 노트에 숨겨진 의미

'살을 빼야지'라는 말을 습관적으로 하곤 하지만 체중계에 올라가 자신의 몸무게를 확인하는 때만큼 정신이 번쩍 들게 하는 순간도 없다. '왜 이렇게 돈이 안모이나?' 하면서 매일 투덜거리지만 좀처럼 소비 습관은 바뀌지 않는다. 이럴 때 자신의 통장을 깔아놓고 수입과 지출 내역을 확인하면 자신이 무엇을 하고 있는지, 돈을 어떻게 모으고 쓰고 있는지가 선명하게 드러난다. 그런 확실한 자각은 소비와 저축 패턴의 변화로 이어질 가능성이 높다. 하지만 우리 대부분은 자기 자신과 직면하는 일을 매순간 회피하면서 살아가고 있다. 선수도 자신의 머릿속에 그리고 있는 자기 이미지와 실제 자신의 모습이 다른 경우가 많다.

일본 프로야구 지바 롯데 마린스의 요시이 마사토 감독은 선수 스스로의 자각을 통한 변화를 중요하게 여기는 지도자다. 메이저리거 출신으로, 일본 대표팀이 2023년 WBC 대회를 우승할 때 투수 코치이기도 했던 마사토 감독은 코치의 주관적인 조언이 선수를 망가뜨리는 경우가 많다는 자신의 경험을 바탕으로 10여 년의 코치 생활을 하는 동안 '가르치지 않는' 자신만의 코칭 철학을 다양한 방식으로 실천해 왔다. 그 중에 하나가 매일 선수들과 진행하는 '되돌아보기' 작업이다.

요시이 마사토 감독이 투수 코치로 활동하던 시절, 팀에 소속된 투수들은 경기가 시작되기 전에 외야 그라운드 한 켠에 모였다. 전날 경기에서 공을 던진 투수들이다. 선수들은 자신의 전날 피칭에 대해 이야기하기 시작한다. 좋았던 점은 무엇이고, 부족했던 부분은 무엇인지 지난 경기를 되돌아본다. 동료들도 경기를 보며 하고 싶었던 이야기를 공유한다.

'긴장을 해서 몸에 힘이 들어갔다'던가 '다음에는 그런 일이 없도록 하겠다'와 같은 뻔한 결론으로 마무리되지 않도록 마사토 감독은 적절히 개입해 미팅을 끌고 나간다. 왜 그런 일이 벌어졌는지 그 이유를 최대한 구체적으로 돌아보도록 한다. 예를 들어 투스트라이크를 먼저 잡고 떨어지는 커브로 삼진을 잡고 싶었지만 공이 가운데로 몰려 들어가며 홈런을 맞았다고 해보자. 왜 나의 의도와는 다르게 가운데로 공이 몰려 들어가게 되었는지 한 차원 더 깊게 사고하도록 한다. 추가적인 질문을 던져 보다 구체적인 이유를 찾도록 독려한다. 그렇지 않으면 '다음에는 그런 실수를 하지 않겠다' 같은 흔한 다짐으로 자기 성찰의 과정이 끝난다는 것을 마사토 코치는 잘 알고 있다. 쉽고 뻔한 결론으로 도망가 버리면 과제를 분명하게 인식하지 못하게 되고 같은 실수를 계속 반복하게 된다는 것이 마사토 감독의 생각이다.

이런 작업에 익숙치 않은 신인 선수들을 위해서는 이야기를 끌어내기 위해 여러 질문을 준비한다. 학창 시절에 이런 경험을 자주 하지 못한 선수는 코치의 질문 자체를 당황스러워한다. 그래서 마사토 코치는 질문에 제대로 답을 하지 못해도 선수를 압박하거나 다그치지 않는다. 그는 선수가 코치의 질문에 답을 하지 못하면 코치가 던진 질문이 문제일지도 모른다는 생각으로 접근한다. 그럴 때는 비슷하면서 다른 질문으로 바꾸어 선수가 자신의 생각을 끄집어낼 수 있게끔 도와준다. 가끔은 동료 선수를 지정해 인터뷰 형식으로 질문을 하게 하기도 한다. 가까운 선후배들끼리 장난스럽게 주고받는 질문과 대답을 통해서도 번쩍이는 깨달음의 순간이 펼쳐진다고 마사토 코치는 말한다. 이런 자기 성찰의 반복을 통해 선수들은 자신의 과제를 스스로 자각하고 주도적으로 문제를 해결하는 힘을 키우게 된다.

요시이 마사토 감독은 자신이 답이라고 생각하는 것이 있어도 가급적 선수에게 직접 말하지 않는 것을 원칙으로 삼는다. 코치가 알려주면 선수가 빠르게 변화될 수도 있지만 그런 우연한 성공에 선수가 길들여지면 안 된다고 여긴다. 진정한 깨달음의 순간은 스스로 깊은 고민과 연습을 반복하는 시간 속에 숨어있다고 생각한다. 코치가 답을 가르치면 그 순간은 잠깐 좋아질지 모르지만 선수의 장기적인 성공을 가로막게 된다는 것이 마사토 감독의 믿음이다. 그에게 코칭은 선수의 부족한 면을 지적하고 알려주는 것이 아니라 스스로 생각하는 힘을 길러주는 일련의 과정이다. 어떻게 보면 몸이 아니라 머리를 사용하는 법을 훈련하는 시간이라고 할 수도 있다. 한국에도 발간된 요시이 마사토 감독의 책 『가르치지 않아야 크게 자란다』를 보면 그의 이런 코칭 철학은 'ID

2021년 봄 다저스 스프링 캠프에서 만난 요시이 마사토 감독.

야구'로 불리는 노무라 가쓰야 감독에게서 크게 영향을 받았다는 사실을 짐작할 수 있다.

80년대 야쿠르트의 전성기를 이끌었던 노무라 감독은 데이터 야구의 상징과도 같은 분이다. 'ID야구'라 불린 그의 야구는 철저한 분석과 준비를 강조했다. 하지만 노무라 감독이 강조한 것은 데이터 자체가 아니라 데이터를 보고 생각하는 힘이라고 마사토 감독은 말한다. 노무라 감독은 코치든 선수든 미팅 시간에는 늘 노트를 가지고 들어와 생각나는 것들을 적도록 했으며, 매년 시즌을 시작할 때는 선수들에게 직접 노트를 나눠줬다. 일명 노무라 노트다.

'나는 왜 야구를 하고 있나.'

'앞으로 어떻게 살아 갈 것인가.'

노무라 감독은 야구뿐만 아니라 다소 철학적인 질문도 던지며 자신의 생각을 적어보도록 했다고 한다. 말하기와 글쓰기는 비슷하면서도 결이 다르다. 글로 자신의 생각을 표현하기 위해서는 내면을 차분히 들여다보는 시간이 필요하다. 말은 생각나는 대로 하기 쉽다. 말은 그래서 잠깐 스쳐 지나가는 생각, 표면적인 생각을 주로 드러낸다. 하지만 글쓰기는 생각을 여러 차례 곱씹는 과정을 거쳐 이루어진다. 자신의 생각을 제대로 반영하고 있는지 요모조모 따져보면서 단어와 문장을 선택하는 작업을 하며 머릿속 생각들은 조금씩 고도화되고 체계화된다. 글을 적다보면 가끔씩 마음 깊숙한 곳에 잠자고 있는 오래된 기억이나 뿌리 깊은 신념과도 만나게 된다. 노무라 노트는 스스로 생각하는 힘과 자각을 통한 변화를 강조한 '노무라이즘'의 상징이라고 할 수 있다.

먼저 물어보고 보여준다

최근에는 종목을 불문하고 첨단 데이터 측정 장비와 바이오메카닉스 분석 기술 등이 스포츠 현장에 적극적으로 도입되고 있다. 이전과는 차원이 다른 수준으로 발전한 과학 기술은 선수의 시행착오를 줄이며 빠른 속도로 변화를 이끌어내고 있다. 이런 흐름은 코칭 프로세스에도 혁신을 일으키고 있다. 객관적인 피드백의 가치에 대해 눈을 뜬 코치들은 데이터와 영상 정보를 선수에게 효과적으로 전달하는 방법을 찾는 일에 어느 때보다 관심을 기울이고 있다.

바이오메카닉스 1세대라고 할 수 있는 톰 하우스 코치는 영상이나 사진을 보여주기 전에 먼저 선수가 동작을 하며 느낀 것을 말하도록 한다. 선수의 이야기를 충분히 듣고나서 영상을 보여준다. 선수는 먼저 자신의 느낌을 말하고 난 후에 영상으로 자신의 플레이나 동작을 확인한다. 이런 일련의 과정을 통해 자신이 느끼는 감각과 실제의 차이를 보다 분명하게 자각하게 된다.

나는 톰 하우스 코치가 강조하는 '선先질문-후後피드백'의 프로세스를 고스란히 보여주는 장면을 넷플릭스 다큐멘터리에서 우연히 보게 되었다.『라스트 챈스 대학』농구편을 보면 이스트LA대학의 농구팀이 데이터를 함께 보며 미팅을 하는 장면이 나온다. 코치가 선수들의 스탯이 나열된 차트를 스크린에 띄워놓고 선수들과 이야기를 나눈다. 나의 눈길을 끈 모습은 코치가 데이터의 의미를 선수에게 설명하기 전에 먼저 데이터가 무엇을 의미하는지, 왜 이런 결과가 나왔는지 선수에게 묻는 모습이었다.

"이 숫자를 보고 마음에 안 드는 부분을 말해볼래?"

"미키, 레이업 성공률이 떨어지네? 왜 레이업을 자꾸 놓칠까?"

"다른 사람들 생각은 어때?"

코치는 자신의 생각을 선수에게 말하기 전에 먼저 데이터가 무엇을 말하고 있는지 선수의 생각을 물어본다. 선수는 자신의 퍼포먼스를 고스란히 반영하고 있는 데이터를 보며 그 의미를 스스로 생각해 본다. 이런 시간을 통해 데이터는 단순히 자신의 퍼포먼스 결과를 알려주는 피드백을 넘어 사고를 자극하는 수단이 된다. 노무라 감독이 데이터를 활용했던 방식이다. 여기서 데이터와 선수의 생각을 연결하는 것은 코치의 질문이다.

말하기와 배움의 관계

발표나 프레젠테이션과 같은 형식도 선수의 자각을 촉진하는 효과적인 수단이 될 수 있다. 세인트프랜시스

대학 소프트볼팀의 제니퍼 패트릭 스위프트 감독은 선수들이 자신의 스윙에 대해 발표하는 시간을 정기적으로 진행한다. 모든 선수들은 배트에 배트센서를 부착해 스윙 연습을 한다. 배트센서는 배트의 스피드와 스윙 궤적, 회전 가속도 등 스윙에 관한 다양한 정보를 저장하고 분석해준다. 배트센서가 측정한 데이터가 일정 수준 쌓이면 선수는 그 데이터가 무엇을 의미하는지 스스로 공부한다. 데이터를 들여다보면서 자신의 스윙을 제3자의 관점에서 객관적으로 분석한다. 스윙 궤적의 문제인지, 회전 스피드가 너무 느린 것은 아닌지 등을 파악한다. 그리고는 팀 동료들과 감독, 코치 앞에서 자신이 분석한 내용을 발표한다. 자신의 스윙이 가지고 있는 장단점을 말하고 향후에 어떤 연습을 통해 자신의 강점을 강화하고 부족한 부분을 보완할지를 공개적으로 이야기한다. 발표를 들은 감독, 코치, 동료들은 궁금한 점을 질문하거나 조언을 해준다. 이렇게 프레젠테이션을 준비하고, 발표하고, 피드백을 받는 과정을 통해 선수는 자신이 무엇에 집중을 해야 하는지 보다 분명히 자각하게 된다. 자기표현 능력과 공감 능력 등 전인적 인간으로 성장하는데 필요한 자질들도 더불어 습득하게 된다.

나는 우리나라의 운동선수들에게 이런 방식의 자기 표현의 기회가 좀처럼 주어지지 않는 현실이 안타깝다. 미국의 심리학자이자 철학자인 에드가 데일은 교수법과 관련하여 학습을 촉진하는 요소들을 '학습의 원추'라는 개념으로 정리해 소개했다. 인간은 대체로 들은 것은 2주 후에 20%만 남아 있고, 본 것은 30%만 남게 되지만, 말한 것은 70%, 그리고 말하고 행동한 것은 90%를 기억하게 된다고 한다. 그만큼 자신의 생각을 말하거나 발표하는 시간은 그 자체로 매우 효과적인 학습의 기회라고 할 수 있다.

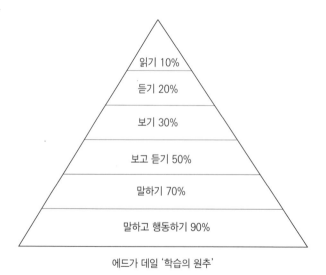

에드가 데일 '학습의 원추'

학습에 관심이 있는 사람이라면 들어본 적이 있을 유태인들의 학습 방식인 '하브루타'가 바로 이런 맥락과 맞닿아 있다. '하브루타'는 두 명씩 짝을 이루어 함께 공부하는 방식이다. 자신의 파트너와 함께 얼굴을 마주 보고 설명하고, 질문하고, 토론을 하면서 공부의 깊이를 다져간다. 교실이나 독서실에 앉아 조용히 혼자 책을 읽거나 노트를 하는 공부 방법에 익숙한 우리에게는 다소 소란스럽고 산만해 보이는 모습이다. 어쩐지 공부를 하는 게 아니라 떠들면서 노는듯해 보이기 때문이다. '하브루타'가 담고 있는 맥락은 분명하다. 상대가 이해할 수 있도록 설명하지 못한다면 제대로 알고 있지 못한 것이다. 말로 분명하게 표현하지 못하는 지점이 바로 나의 공부가 막혀 있는 포인트다.

마지막으로 내가 좋아하는 고사성어 '교학상장(敎學相長)'의 뜻을 소개하며 자각에 관한 이야기를 마치려고 한다. 교학상장은 중국 고대의 5대 경전 중 하나인 『예기(禮記)』에 나오는 표현으로 가르침(敎)과 배움(學)은 서로를(相) 성장시킨다(長)는 의미를 담고 있다. 『예기』에는 교학상장을 설명하며 '가르치고 난 후에야 어려움을 알고, 어려움을 알아야 스스로 강해진다'는 문장을 덧붙이고 있다[21]. 말하거나 가르치는 일을 통해 스스로의 부족함을 알게 되고, 그런 자각이 보다 깊이 있는 학습으로 이어진다는 점을 강조한 말이다.

우리 스포츠계는 지도자의 지시를 잘 따르는 선수, 소위 말해 '말을 잘 듣는 선수'를 좋은 선수라고 평가하곤 한다. 그런 문화 속에서 선수는 자신의 생각을 밖으로 드러내기가 어렵다. 자기 표현의 기회가 적을수록 자신의 생각을 돌아볼 기회도 그만큼 줄어들게 된다. 스스로 생각하고 주도적으로 행동하는 선수가 없다고 많은 코치들이 한탄하지만, 어쩌면 선수의 그런 수동적인 태도는 선수의 문제가 아닌 '말을 하는 선수, 자신의 생각을 당당하게 드러내는 선수'를 탐탁치 않게 여기는 환경의 문제일지도 모른다.

---

21   교연후지곤(教然後知困) 지곤연후능자강야(知困然後能自强也)

꿈과 목표가 정말 미래를 만들까?

미일 통산 4천 안타를 훌쩍 넘긴 경이적인 기록을 남긴 이치로는 초등학교 시절부터 몇 가지 구체적인 목표를 세웠다고 한다. '계약금 1억엔을 받고 프로에 진출한다.' '메이저리그로 진출해 MVP가 된다.' 어린 나이에 어울리지 않는⑴ 구체적인 목표다. 오타니가 유명해지고 나서 그가 하나마키히가시고등학교에 다닐 때 만든 만다라트 형식의 목표도 덩달아 화제가 되었다. 사사키 히로시 감독의 지도로 작성한 그의 목표에는 '프런트 스쿼트 90kg 달성하기'와 같은 경기력 향상을 위한 목표부터 '야구부실 청소'처럼 인성을 가다듬기 위한 목표까지 구체적으로 정리되어 있다. 오타니가 학창 시절 적은 그런 목표들이 슈퍼스타로 성장한 현재의 모습으로 이어졌을 것으로 사람들은 추측한다. '선명하고 구체적인 목표'는 스포츠뿐만 아니라 모든 영역에서 탁월한 성취를 위해 반드시 지니고 있어야 할 필수품으로 간주되곤 한다.

하지만 목표를 성공으로 가는 과정에 반드시 함께 가야

할 동반자로 바라보는 그런 관점에 의문을 제기하는 의견도 있다. 일본의 코치이자 상담가인 히라모토 아키오는 '비전'이나 '목표'에 자극을 받아 성공하는 경우는 일부에 불과하다고 주장한다. 오히려 대부분의 사람들은 목표라는 미래의 그림보다 하루하루의 '심리적 만족'에서 힘을 얻는 경우가 많다는 것이 그의 생각이다.

히라모토 코치는 자신의 책 『목표없이 성공하라』에서 동기부여를 받는 방식에 따라 '목표추구형'과 '심리적 만족형'으로 구분한다. 목표추구형은 '결과와 가까워진 느낌'을 통해 에너지를 얻는 사람이다. 반면 심리적 만족형은 거창한 목표보다는 '현재의 만족감'에서 힘을 얻는 사람이다. '10년 후에 메이저리그에서 신인왕이 되겠다'는 미래의 모습을 상상할 때 힘이 솟는 선수도 있고, '어제보다 타구속도가 빨라졌다'는 성취감이 노력으로 이어지는 선수가 있다고 히라모토 코치는 책에 적고 있다.

비즈니스의 세계에서도 비슷한 사례를 발견할 수 있다. '올해는 반드시 판매왕이 되겠다'는 뚜렷한 목표가 자신을 움직이는 동기로 작용하는 세일즈맨도 있지만 '그저 오늘 만나는 고객을 위해 최선을 다한다'는 마음으로 하루하루 정성을 다하다 보니 최고의 자리에 오른 세일즈맨도 많다. 삼성전자 사장 출신으로 정보통신부 장관도 지낸 진대제 씨가 자신은 일을 하며 한 번도 CEO가 되겠다는 목표를 세운 적이 없다고 말하는 것을 들은 적이 있다. 그런 목표는 너무 멀리 있기 때문에 잘 와닿지 않았다며, 대신 자신이 하는 일에서 타의 추종을 불허하는 최고가 되겠다는 생각을 늘 하면서 일을 했다고 한다.

목표와 성취 사이의 상관 관계를 다룬 연구도 왠지 있을 것 같아 찾아보니 제법 많은 논문들이 검색되었다. 그 중에 2012년에 발표된 시카고대학교와 고려대학교 연구팀의 공동 연구가 눈에 들어왔다. 아일릿 피시바흐, 최진희 교수의 연구팀은 런닝머신 달리기, 종이접기, 치실 사용, 요가, 네 가지 활동을 대상으로 목표가 미래의 성과에 어떤 영향을 미치는지를 관찰했다[22].

한 그룹은 목표에 집중하며 활동을 하도록 했다. 이 경우에는 지금 하는 활동이 미래의 목표 달성을 위한 도구로서의 성격이 강하기 때문에 연구팀은 이를 '활동의 도구성[23]'이라 불렀다. 반면 다른 그룹에는 활동을 통해 얻는 경험

---

22 Ayelet Fishbach, Jinhee Choi 'When thinking about goals undermines goal pursuit' (2012)
23 논문에는 'instrumentality'라고 적고 있다.

자체에 집중하도록 했다. 이 경우는 지금 하고 있는 활동 자체가 곧 목적이 된다.

'살을 빼기 위해 운동을 한다.' 이렇게 활동의 도구성을 강조한 그룹, 즉 목표에 집중하도록 한 그룹은 경험 자체에 집중하도록 한 그룹보다 달리기를 더 오래 할 거라고 대답했다. 하지만 실제 달리기를 한 시간은 오히려 달리기 경험 자체에 집중한 그룹보다 적었다. 목표가 보다 야심찬 계획을 세우는 데는 도움이 되지만 실제 지속적인 실천으로 이어지도록 하는 효과는 크지 않을 수 있다는 점을 암시한다.

종이접기에서도 비슷한 결과를 확인할 수 있었다. 한 그룹은 종이접기의 치유 효과에 대한 설명을 듣고 나서 저마다 하나씩 목표를 세우고 종이접기를 시작했다. 반면 다른 그룹은 종이접기를 하는 경험 자체에 집중했다. 종이접기를 하기 전에는 목표에 집중한 그룹이 종이접기에 더 많은 흥미를 보였다. 하지만 실제 종이접기를 하고 나서는 경험 자체에 집중한 그룹이 목표에 집중한 그룹보다 더 재미있다고 응답했다. 종이접기, 치실 사용, 요가를 대상으로 한 실험 모두 경험 자체에 집중한 그룹이 더 오랜 시간 활동을 실천하는 모습을 보였다.

네 가지 활동을 대상으로 한 실험 모두 목표는 처음에 동기를 크게 불러일으키는 효과는 있었다. 하지만 그런 동기가 활동을 꾸준하게 해나가도록 하는 에너지로 연결되지는 않았다. 오히려 목표가 아닌 경험 자체에 집중하는 것이 참가자들로 하여금 재미를 불러 일으키고 보다 꾸준히 활동을 실천하도록 만들었다.

히라모토 아키오 코치는 책에서 한 TV 프로그램에 출연했던 '고질라' 마쓰이 히데키의 일화를 소개한다. 마쓰이 선수가 평소 자주 가는 단골가게를 방문한다. 가게에는 마쓰이 선수가 적어놓은 목표가 벽 한쪽에 걸려 있다. 그는 자신이 직접 적은 그 목표들을 보며 멋쩍은 표정으로 말한다.

"목표를 세워도 별로 의식이 되지 않더라구요."

실제로 그가 세운 목표들은 대부분 달성되지 않았다. 마쓰이의 좌우명은 '일일일생(一日一生)'이라고 한다. 하루(一日)를 온전하고 충실하게(一) 산다는(生) 의미다[24]. 그가 미래의 꿈이나 목표로부터 에너지를 얻기 보다 하루하루의 삶에 정성을 다하는 심리적 만족형에 가까웠음을 말해준다. 이렇듯 사람은 저마다의 고유한 동기에 따라 힘을 얻는다는 점을 이해하면 코치가 선수에게 다가가는 방식도 달라질 수

---

[24] 한자 일(一)에는 '하나'라는 뜻 외에도 '온전한, 모두'라는 의미도 있다.

밖에 없다. 한편으로는 국가대표 유니폼을 입은 멋진 미래를 상상해 보도록 자극하기도 하고, 또 한편으로는 선수들이 매일 조금씩 성취감을 맛볼 수 있도록 정교하게 연습 프로그램을 계획할 수 있어야 한다.

그리고 목표나 꿈과 같은 정신적인 개념과 관련해서 특히 유소년 코치와 학부모들이 기억해야 할 내용이 있다. 피아제의 인지발달이론에 따르면 대체로 12세 전후까지의 아이들은 목표라는 개념을 제대로 이해하고 받아들이지 못한다. 아직 추상적이고 복합적인 사고를 하는 능력이 발달되지 않았기 때문이다. 현재와 미래를 연결해서 사고하는 방법도 잘 모른다. 그저 지금 일어난 생각과 감정에 잠시 머무르고 마는 것이 보통의 어린 아이들의 의식 수준이다. 경기에서 지고 하염없이 눈물을 흘리던 어린 선수들이 밥을 먹으러 가서는 마치 한 시간 전의 경기는 세상에 없던 일인 것처럼 장난치고 노는 것도 그런 이유 때문이다. "저것들은 분하지도 않나? 저래 가지고 프로선수 되겠어?" 하며 지도자나 부모들은 혀를 차지만 그건 미래에 비추어 현재의 의미를 해석하는 어른들의 사고 패턴일 뿐이다. 아이들에게 목표나 꿈이라는 개념은 단어로는 존재하지만 그 의미는 몸과 마음에 아직 스며들지 않은 공허한 메아리와 같다. 나

2022년 시카고에서 열린 미국야구코치협회 컨벤션에서 만난 드라이브라인의 데븐 모건 유소년 디렉터. 이후에 드라이브라인의 유소년 프로그램을 한국의 코치들에게 소개하기 위한 방법을 논의하기 위한 미팅을 이어가고 있다.

는 이 이야기를 시카고에서 열린 미국야구코치협회 컨벤션에서 드라이브라인의 유소년 디렉터인 데븐 모건 코치로부터 들었다. 모건 코치의 이야기에 고개를 끄덕일 수밖에 없었다.

피아제의 인지발달이론과 유소년 스포츠코칭
(데븐 모건 드라이브라인 유소년 디렉터의 2021
년 미국야구코치협회 컨벤션 강연)

"야구선수가 꿈이라는 놈이 왜 연습을 그따위로 밖에 안
해?"

"열심히 한다고 했잖아? 프로야구 선수가 목표라며?"

아이들이 운동을 하는 모습이 성에 차지 않을 때 지도자
나 학부모가 야단을 치며 하는 말들이다. 하지만 인간의 의
식 발달 단계에 비추어보면 안타깝게도 꿈과 목표를 앞세
운 이런 다그침의 말이 어린 아이에게 실감나게 와닿을 가
능성은 별로 없다. 아이가 한 때 초롱초롱한 눈으로 '야구선
수가 되고 싶어요!'라고 말했다고 해서 그 말을 아이의 마음
이 간절한 목표로 가득 차 있다는 증거로 간주해 버리면 곤
란하다. 나는 어린 아이가 하는 그런 말이 '과학자가 되고
싶어요. 연예인이 되고 싶어요' 하는 말처럼 그때그때 농도
가 바뀌는, 흐릿한 바람 정도로 여기는 게 바람직하다고 생
각한다. 아이들의 이런 의식 발달 수준을 이해하지 못하면,
코치든 부모든 어른의 수준에서 바라보는 꿈과 목표를 기
준 삼아 너무 많은 것을 아이들에게 요구하게 된다.

그런 면에서 나는 선수가 어릴 수록 '심리적 만족형'에 어울리는 방식으로 지도를 하는 게 더 도움이 되지 않을까 하는 생각을 가지고 있다. 수학자인 찰스 엘리엇 박사는 수학에 낙제하는 초등학생이 많은 이유를 묻는 질문에 문제의 난이도를 적절히 조절해 성취감을 맛볼 수 있는 기회를 제공해 주지 않는 교사들에게 책임이 있다고 말했다. 어릴수록 작은 성공 경험의 반복을 통해 흥미를 잃지 않도록 하고, 자신감과 도전 정신을 키워주어야 한다는 의미다. 어린 선수가 운동을 하는 목적을 잃어버린 듯한 모습을 보일 때가 있다. 그럴 때 '꿈'과 '목표'만을 앞세워 다그칠 것이 아니라 이런 질문을 먼저 던져보았으면 한다.

"이 선수는 요즘 운동을 하며 성취감을 느끼고 있을까?"

많이 깨져야 피가 되고 살이 된다고 하면서, 목표를 이루려면 지금의 어려움을 참고 견뎌내야 한다는 말을 어린 선수들에게 남용하고 있는 것은 아닌지 걱정스럽다. 꿈은 아름답고 목표는 힘을 준다. 하지만 아무리 좋은 가치라도 그것에 눈이 멀면 자신과 주변을 어려움에 빠뜨린다. 무언가에 눈먼 마음은 주변에 있는 다른 소중한 것들을 인식하지 못한다. 세상의 모든 전쟁들이 그렇게 이념과 이익에 눈먼 권력자들에게 의해 일어났고 끔찍한 파괴로 이어졌다. 나는 스포츠계 뿐만 아니라 우리 사회 전체가 '꿈'이라는 단어에 반쯤은 눈이 멀어있다는 생각을 오래 전부터 해왔다. 매일 자정에 가까운 시간까지 학원을 다니거나 야간 훈련을 하는 학생들을 볼 때마다 마음 속으로 기원한다. 집으로 돌아오는 길에 잠시라도 '늘었다. 재밌다'는 성취감으로 웃을 수 있기를. 수능이나 드래프트와 같은 저 먼 미래의 일은 내려놓고 마음 한 구석이 만족감과 즐거움으로 채워졌기를.

5장

라켓 헤드가
어디에 있었어?

선수 스스로의 자각이야말로 변화를 위한 가장 강력한 에너지라는 관점을 놓치면 자신만의 세계 속으로 빠지게 된다는 점을 잘 인식하고 있는 코치들이 있다. 그런 코치들은 일상의 프로세스를 선수 중심으로 가져가기 위해 신경을 쓴다. 연습과 경기 사이사이에 선수에게 다가가 질문을 던지며 연습의 무게 중심을 선수 쪽으로 이동시킨다. 때로는 생각을 묻고, 때로는 감각이나 감정을 묻는다.

지금 어땠어?

프로야구팀에서 수비를 지도하고 있는 D코치는 자신의 눈이 언제든 거짓말을 할 수 있다고 생각한다. 그래서 선수가 연습하는 모습을 보고 '저건 좋은데? 저 움직임은 별로다.' 하는 생각이 들면 자신의 판단을 선수에게 바로 말해주기 보다 먼저 선수에게 다가가 물어본다.

"지금 어땠어?" 자신이 보고 판단한 것이 맞는지, 선수의 감각은 실제 어떠했는지를 확인하기 위해서다.

자신이 볼 때는 공을 잡는 자세도 좋고 동작의 밸런스도 좋다고 생각했는데 막상 선수는 별로인 것 같다고 말하는 경우도 있다. 그럴 때는 옆에서 지켜보며 좋다고 생각한 부분을 선수에게 피드백해 준다. D코치에 따르면 자신이 느낀 감각과는 달리 코치로부터 긍정적인 피드백을 받은 선수는 보다 자신감을 가지고 연습에 몰입하게 된다고 한다.

문제를 발견했을 경우에도 그 문제에 대해 직접 알려주기 보다 먼저 선수에게 물어보는 과정을 거친다. 선수의 스텝에서 교정했으면 하는 움직임을 발견한다. 자신이 생각하는 올바른 스텝을 말로 설명하거나 직접 시범을 보여주면서 바로잡아 줄 수도 있다. 하지만 D코치는 그런 방식으로 가르치기 전에 먼저 선수의 생각과 느낌을 체크한다.

"지금 스텝은 어땠어?"

코치로부터 질문을 받은 선수는 방금 자신이 스텝을 어떻게 했는지를 돌아본다. 편안했는지, 어색했는지, 송구 동작으로 연결하기에 적합한 중심이동이 이루어졌는지 등을 되짚어 보게 된다. 그렇게 질문에 답을 하면서 자신이 문제라고 판단한 바로 그 부분을 선수가 먼저 알아채고 말하는 경우가 많다고 D코치는 이야기한다. 자신의 입으로 자신의 문제를 직접 말한 선수는 지금 하는 연습의 목적을 보다 분명하게 마음에 새기게 된다.

D코치는 동작의 세밀한 부분을 지적하고 '이렇게 해. 저렇게 움직여봐.'라는 교습만을 반복하면 선수가 본래 가지고 있던 운동능력을 떨어뜨릴 수 있다는 말을 했다. 스텝을 특정한 방식으로 해야 한다는 말을 코치로부터 듣게 되는 순간부터 선수의 머리에는 온통 그 지침이 자리잡게 된다. 동작이나 기술이 자연스럽게 나오기 보다 코치가 요구한 움직임을 만들기 위해 과도하게 긴장하고 애를 쓰게 된다. 그로 인해 코치가 요구하는 동작은 그런대로 만들 수 있을지 몰라도 신체를 자연스럽게 코디네이션(협응)하는 능력은 오히려 떨어지게 된다. 이는 실제 경기에서 벌어지는 다양한 상황에 적응하는 능력을 떨어뜨리는 위험으로 작용한다.

싱가포르와 뉴질랜드의 스포츠 과학자들은 테니스의 포핸드 스트로크를 10살 어린이들에게 가르치는 두 가지 방식을 비교했다[25]. 한 그룹의 어린이들에게는 신체의 움직임을 구체적으로 알려주면서 스트로크를 가르쳤다. "라켓은 아래에서 위로! 앞발 앞에서 라켓을 공에 맞추는거야!" 이렇게 구체적인 동작을 코치가 알려주는 방식으로 반복연습을 시켰다. 반면 다른 그룹의 어린이들은 신체의 움직임을 가르치는 대신 과제만 주고 연습을 시켰다. 코칭큐도 주로 비유적인 표현을 사용했다. "무지개가 거꾸로 된 모양으로 스트로크를 하면서 공을 반대쪽 코트로 넘겨봐!" 어린이들은 무지개 모양의 아치를 상상하며 스트로크를 연습했다. 그렇게 4주 간 연습을 한 후에 두 그룹 어린이들의 스트로크가 얼마나 발전했는지 비교했다.

연습 전에 진행한 평가에서는 두 그룹 어린이들의 스트로크 정확성에서 차이가 없었다. 하지만 다른 방식으로 연습을 4주 간 진행한 후에 평가한 결과는 확연히 다르게 나타났다. 두 그룹 모두 연습 전보다는 스트로크 실력이 일정 수준 향상되었지만 단순한 과제와 비유를

---

25 Lee, M.G.Y., Chow, J.Y., Komar, J., Tan, C.W.K., Button, C. (2014)
    Nonlinear pedagogy: an effective approach to cater for
    individual differences in learning a sports skill

사용한 코칭큐로 연습한 어린이들의 스트로크가 동작을 구체적으로 배우면서 연습한 어린이들에 비해 평균적으로 더 정확했다.

이 연구가 발견한 또 하나의 중요한 점은 연습의 방법에 따라 단순히 스트로크의 수준이 달라졌다는데 있지 않다. 연구팀은 어린이들의 스트로크 동작을 분석해 근육과 관절의 코디네이션(협응) 유형을 분류했다. 같은 스트로크 동작이라도 사람마다 신체를 조직하는 코디네이션 패턴은 다를 수밖에 없다. 어떤 아이들은 팔꿈치를 더 많이 움직였고, 어떤 아이들은 손목을 더 많이 사용했다. 코치가 동작을 구체적으로 알려주는 방식으로 연습을 한 어린이들은 비교적 단순한 세 가지 유형의 코디네이션 패턴을 보여주었다. 이에 반해 과제만 세팅하고 비유를 활용한 코칭큐로 연습한 어린이들은 훨씬 다양한 8가지 코디네이션 패턴을 보여주었다. 원하는 결과를 보다 다양한 움직임을 통해 만들어낸 것이다. 보다 많은 코디네이션 패턴을 가지고 있는 선수가 경기 중에 벌어지는 변화무쌍한 상황에 더 유연하게 대처할 가능성이 높다는 점을 우리는 어렵지 않게 추론할 수 있다. 어릴 때 '예쁜 폼, 탄탄한 기본기'를 만들어 놓아야 한다는 믿음으로 동작을 꼼꼼하게 지도하는 코치들에게 현대의 스포츠 과학은 '열심히 가르치기'의 위험을 경고하고 있다.

나쁜 스윙은 없다. 오직 다른 스윙만 있을 뿐

이렇듯 동작을 만들거나 고치려는 인위적인 노력을 버려야 한다고 오래 전부터 말해온 사람이 있다. '이너게임(inner game)' 코칭 이론을 만든 티모시 골웨이 코치다. 인간에게는 움직임을 만들어 내는 본능적인 학습능력이 있으며 신체에 움직임을 명령하는 방식으로는 그러한 천부적인 능력을 제대로 끌어내지 못한다고 골웨이 코치는 주장한다. 아니! 끌어내지 못할 뿐 아니라 오히려 방해한다고 말한다. 그럼 코치가 동작을 가르쳐주지 않고 어떻게 새로운 운동기술을 배우고 문제가 되는 동작을 고쳐나간단 말인가?

'이너게임'에서 학습자의 변화를 이끌어내는 핵심 도구는 '판단하지 않는 인지(awareness without judgement)'다. 버려야 할 마음의 습관은 잘 하려고, 고치려고 '의식적으로 애를 쓰는 것'이다. 동작이나 메카닉을 만들거나 바꾸려고 애쓰는 대신 아무런 판단도 하지 않고 무슨 일이 일어나고 있는지 지켜보라는 것이다. 그게 전부다.

 테니스 문외한인 중년의 여성이 티모시 골웨이 코치의 레슨을 받고 20분 만에 경기를 하는 수준까지 발전하는 모습을 담은 영상

골웨이 코치의 레슨은 이런 방식으로 진행된다. 포핸드 스트로크의 타이밍이 조금씩 늦는 선수가 있다고 해보자. 이런 경우에 대부분의 선수나 코치는 타이밍이 늦는 이유를 분석해 이를 교정하기 위한 여러 시도들을 하게 된다. 코치는 "라켓을 조금 일찍 뒤로 빼." "공을 몸 앞에서 때린다는 느낌으로 조금 더 강하게 쳐봐." 이런 코칭큐를 주면서 타이밍 문제를 해결하려고 애쓰게 된다. 하지만 영상에서 보듯 골웨이 코치는 움직임을 지시하는 말은 사용하지 않는다. 대신 "공이 코트에 닿을 때 라켓 헤드가 어디에 있는지 느껴봐." 이렇게 배우는 사람이 자신의 동작과 플레이를 인지하도록 유도한다. 골웨이 코치와 연습을 하는 동안 선수는 다리의 움직임이나 어깨의 회전 같은 신체 움직임에는 신경 쓰지 않는다. 자신의 문제인 타이밍을 개선하려는 노력도 할 필요가 없다. '판단 없는 인지'를 독려하는 골웨이 코치의 코

칭큐를 따라 오로지 라켓 헤드의 움직임을 느끼면서 스트로크를 연습하면 된다.

"라켓 헤드가 어디 있었어?"

몇 번의 스트로크 후에 골웨이 코치는 이렇게 물으며 선수가 무엇을 인지했는지 확인한다. 플레이에 대해 '좋아. 나빠'의 관점으로 판단하는 것이 코치와 선수의 오랜 마음의 습관이다. '야호! 이번에는 타이밍이 맞았네.' '젠장. 또 늦었다.' 이렇게 판단하는 마음이 작용하기 시작하면 라켓 헤드를 제대로 인지할 수 없다는 것이 골웨이 코치가 강조하는 포인트다. 길가에 서서 지나가는 사람들을 무심히 쳐다보듯 라켓 헤드의 움직임을 판단하는 마음 없이 관찰하기만 하면 된다고 골웨이 코치는 계속해서 상기시켜준다. 그렇게 라켓 헤드를 인지하는 경험을 반복하며 스트로크는 조금씩 타이밍을 맞추기 시작한다.

골프 명예의 전당 교습가인 마이클 헤브론 코치가 레슨을 진행하는 방식도 '이너게임'과 맥이 통한다. 헤브론 코치는 '더 좋은 스윙, 더 좋은 퍼팅'이라는 개념은 존재하지 않는다고 말한다. 그에게 '좋은 스윙', '나쁜 스윙'은 없다. 오직 '다른 스윙'만 있을 뿐이다. 또한 스윙에 실수란 없다. 모든 스윙은 그 스윙에 맞는 결과를 가져올 뿐이다. 선수는 잘못 쳐서 공이 왼쪽으로 갔다고 말하지만 헤브론 코치는 왼쪽으로 가는 샷을 한 거라고 이야기한다. 그는 실제로 공이 어떻게 날아갔는지, 클럽이 어떻게 움직였는지를 말하는 게 잘못 쳤다고 말하는 것보다 더 유익하다고 말한다. 그래서 마이클 헤브론 코치는 퍼팅을 한 선수에게 이렇게 질문한다.

"공이 왼쪽으로 갔어? 오른쪽으로 갔어?"

"왼쪽이요."

"클럽의 궤적 때문이야? 클럽 페이스 때문이야?"

헤브론 코치는 '좋다, 나쁘다'는 일체의 판단을 내려놓고 실제 벌어진 일에 초점을 맞추어 질문을 던진다. 질문을 통해 선수 스스로 공이나 클럽, 신체의 움직임을 인지하게 한다. 그는 이런 방식으로 선수 스스로 변화의 주인공이 되도록 하는 자신만의 교습 방식을 '아웃스트럭션(outstruction)'이라고 부른다. 우리는 보통 코치나 트레이너의 교습을 '인스트럭션(instruction)'으로 알고 있다. 하지만 헤브론 코치에게는 선수가 코치에게 알려주는 것이 인스트럭션이다. 선수가 코치에게 알려주는 것을 바탕으로 질문을 통해 선수의 자각을 이끌어내는 과정이 바로 아웃스트럭션이다. 골웨이 코치의 이너게임 접근법과 헤브론 코치의 아웃스트럭션 방식은 공통적으로 코치의 교습보다 선수 스스로의 인지와 자각을 통한 변화를 지향하고 있다. 자각을 이끄는 것은 코치의 세심한 관찰로부터 나오는 질문이다.

알고 있니?

하지만 세상 모든 일이 그렇듯 인지 능력을 키우는 데도 연습이 필요하다. 어리고 경험이 적은 선수일수록 생각이든 감각이든 자신에게 벌어진 일을 알아차리는데 어려움을 겪을 수밖에 없다. 유소년 축구 아카데미를 운영하는 W코치는 코칭언어스터디에서 선수의 인지 능력을 키우기 위해 자신이 사용하는 방법을 소개해 주었다. W코치는 어린 선수일 수록 코치의 말을 절대시하는 경향이 크기 때문에 코치가 알려준 대로 동작이 나오지 않으면 불안감을 느낄 가능성이 높다고 말했다. 그래서 그는 선수에게서 어떤 문제를 발견하면 먼저 자신이 관찰한 내용을 말해주고 마지막에 "알고 있니?" 하고 묻는 방식으로 선수에게 다가간다고 한다.

"패스를 받기 전에 눈이 공만 보고 있던데, 너도 알고 있니?"

"공을 발밑에 너무 가까이 세워놓아서 다음 움직임이 어려워지던데, 너도 알고 있니?"

W코치는 "패스를 받기 전에 주변을 스캔해야지." 이렇게 필요한 움직임을 짧고 명료하게 알려주는 것도 당연히 필요하지만 되도록이면 "알고 있니?"라는 질문을 곁들여 먼저 선수의 자각을 불러일으키려고 노력한다. W코치의 경험에 따르면 선수는 같은 메시지라도 코치의 말을 보다 편안하게 받아들이기 때문에 이런 피드백 방식을 선호한다고 한다.

"알고 있니?" 대화법으로도 자신의 문제를 자각하지 못하는 선수는 촬영한 영상을 보여주며 피드백을 해준다. "아. 정말 제가 공을 받기 전에 주변을 잘 보질 않네요. 몰랐어요." 이렇게 자신의 문제를 분명하게 확인하는 순간 변화는 코치도 놀랄 정도로 빠르게 진행된다고 W코치는 자신의 경험을 나누어 주었다. 그리고 가끔은 선수의 대답을 통해 자신이 본 것이 틀렸다는 사실을 알게 되기도 한다고 덧붙였다.

그럼 경기에서는 어떨까? 자각의 강력한 효과를 이해하고 있는 코치들은 경기 중에도 하고 싶은 말을 직접 전달하기보다 적절한 질문으로 선수 스스로 자신의 플레이를 돌아보도록 한다. 볼티모어 오리올스의 맷 보그슐테 타격코치는 경기 중에 선수의 스윙 메카닉이나 타이밍에서 문제를 발견하면 먼저 질문을 고민한다. 어떤 질문을 던져야 선수가 문제를 해결하는 힌트를 스스로 발견할 수 있을지를 다각도로 따져본다. 스윙의 타이밍이 다소 늦는 선수에게 "타이밍이 늦어"와 같은 뻔한 조언은 별로 소용이 없다는 사실을 보그슐테 코치는 잘 알고 있다.

그는 선수도 알고 있는 당연한 말을 건네기 보다 "타이밍이 잘 맞아?" 이렇게 질문을 던지고 선수의 답을 기다린다. 선수는 지난 타석을 돌아보며 나름대로 타이밍이 안 맞는 이유를 생각해 보게 되고, 코치와 대화를 주고받으며 다음 타석을 위한 전략을 준비한다. 스트라이크존을 벗어나는 공에 삼진을 당한 타자에게는 "좋은 공을 노려서 쳐야지!" 이처럼 맞는 말이지만 와닿지 않는 조언 대신 "치기 좋은 공이었어?"라고 물으며 선수 스스로 자신의 투구 인식과 타석에서의 준비 과정을 돌아보게 한다. 이런 코칭 대화는 마이너리그에서 오랜 기간 코치 생활을 하며 보그슐테 코치가 경기 중에 유망주 선수들을 연습시킨 방식이다. 사실 보그슐테 코치의 질문은 물음표로 포장한 피드백이다. 구체적으로 무엇이 문제이고, 어떻게 해야 한다는 내용이 빠져 있을 뿐이다. 선수는 물음표라는 포장지를 스스로 벗겨내며 방법을 찾는 경험을 반복하게 된다.

피터 칼린도 코치도 한국 코치들과 진행한 클리닉에서 비슷한 맥락의 이야기를 한 적이 있다. 야구에서 거의 대부분의 주루 코치들은 주자가 1루나 3루에 도착하면 "지금 원아웃이야." 이렇게 아웃카운트를 알려준다. 주자가 아웃카운트를 분명히 알고 있어야 상황에 맞는 주루 플레이를 할 수 있기 때문이다. 칼린도 코치는 그렇게 아웃카운트를 알려주기 보다 "지금 아웃카운트가 어떻게 되지?"라고 질문을 던지는 게 더 좋은 방식이라고 설명했다. 코치가 그렇게 계속 알려주게 되면 선수는 스스로 아웃카운트를 떠올리는 연습을 못 하게 되며 결정적인 순간에 실수를 할 가능성도 그만큼 커지게 된다고 칼린도 코치는 말했다. 나는 그의 이야기를 들으며 단순하지만 무척 통찰력 있는 메시지라고 생각했다. 코치가 실천하기도 비교적 쉬운 방법이다. 하고 싶은 말이 있다면 그 말이 대답으로 나올 수 있는 질문으로 바꿔주기만 하면 된다. "세트 플레이 상황이 되면 10번을 막는 거야."라고 말해주어도 되지만 "세트 플레이 상황이 되면 누구를 막아야지?" 이렇게 질문을 이용하면 선수가 해야 할 일을 보다 강력하게 상기시킬 수 있다.

・

무엇을 했는지 말해줄래?

질문을 통한 인지와 자각 프로세스가 꼭 어떤 문제가 있을 때만 효과를 발휘하는 것은 아니다. 선수의 강점을 강화하기 위한 수단으로도 인지를 자극하는 질문을 유용하게 사용할 수 있다. 연습이나 경기를 유심히 지켜보다 보면 어떤 선수가 갑자기 이전과는 다른 수준의 동작이나 기술을 보여줄 때가 있다. 그럴 때 코치는 단순히 좋아진 결과를 칭찬하기 보다 자신이 관찰한 차이점을 말해주며 선수가 기울인 노력의 과정을 물어볼 수 있다.

"전에는 공을 치고 나갈 때 주로 오른발만 사용하던데, 얼마 전부터 보니까 왼발과 오른발을 모두 쓰더구나. 어떻게 연습을 했는지 말해줄래?"

"준비자세에서 배트를 잡는 위치가 이전보다 조금 내려갔어. 그리고 나서 배트 스피드가 제법 빨라지고 강한 타구도 늘었어. 어떻게 된 건지 설명을 해주겠니?"

결과를 만들어낸 과정을 돌아보게 만드는 이런 질문은 선수가 자신의 변화 과정을 돌아볼 기회를 제공한다. 사실 많은 경우에 변화와 도약의 순간은 느닷없이 찾아오곤 한다. 그러기에 어느 순간 자신이 원하는 플레이를 하고는 있지만 선수 자신도 왜 그렇게 되었는지 모르는 경우가 많다. 이렇게 자기도 왜 변화가 일어났는지를 모르는 '무의식적 변화'의 과정을 선수는 코치의 질문을 등불 삼아 되짚어 보게 된다. 자신이 무슨 고민을 했으며, 지금에 이르기까지 어떤 연습을 했고, 어떤 노력을 기울였는지, 그 과정에서 어떤 시행착오와 좌절의 시간을 보냈는지를 코치에게 이야기하며 몸으로만 기억하고 있는 변화의 과정을 '의식화'하게 된다. 이렇게 스스로 돌아보고 정리한 변화의 과정은 다른 동작이나 기술에 도전할 때도 응용할 수 있게 되고, 선수는 보다 주도적으로 연습을 계획하고 참여하는 태도를 만들어 가게 된다. 또한 결과를 만들어낸 노력의 과정을 묻는 코치를 보며 선수는 코치에 대한 신뢰가 더욱 커지게 된다.

이것 말고 다른 방법은 없을까?

체스 코치인 브루스 판돌피니는 어린 조시 웨이츠킨

에게서 천부적인 재능을 발견하고 아버지를 찾아가 자신에게 체스 수업을 받아볼 것을 권한다. 웨이츠킨의 아버지는 기쁜 마음으로 판돌피니 코치의 제안을 수락하고 8살이던 웨이츠킨은 동네에서 아저씨들과 체스를 두던 수준을 벗어나 보다 체계적인 체스 공부에 뛰어든다. 하지만 딱히 전문 코치로부터 배울 필요성을 느끼지 못했던 어린 웨이츠킨은 판돌피니로부터 체스를 배우는 게 달갑지 않았다. 그런 마음을 알고 있는 판돌피니는 체스보다는 다른 이야기를 주로 나누며 교감을 쌓았다. 웨이츠킨이 관심을 갖고 있던 공룡이나 스포츠에 관한 대화를 하며 마음을 열고자 했고 그런 코치의 태도에 웨이츠킨도 조금씩 친근감을 느끼기 시작했다.

하지만 체스의 세계로 들어가면 웨이츠킨은 자신의 방식을 고집했다. 판돌피니는 웨이츠킨이 자신만의 스타일을 고집하며 실수를 반복하더라도 이를 지적하거나 꾸짖지 않았다. 자신의 방식이 통하지 않는다는 사실을 스스로 깨달을 수 있도록 인내심을 가지고 기다렸다. 늘 질문과 대화를 통해 웨이츠킨이 자신의 선택을 돌아볼 수 있는 기회를 주었다.

"이것 말고 다른 방법은 없을까?"

"이렇게 움직이면 상대는 어떻게 역공을 하게 될까?"

"저 말을 먼저 움직이고 이 말을 움직였으면 어때?"

좋든 나쁘든 중요한 선택을 할 때마다 판돌피니는 웨이츠킨의 생각을 물었다. 둘은 수업 중에 아무 말도 하지 않은 채 오랜 시간 생각에 잠겨 있기도 했다. 인내심을 바탕으로 자각을 통한 변화를 추구했던 판돌피니의 지도 방식 덕분에 웨이츠킨은 성급하게 말을 놓는 좋지 않은 습관을 바로잡을 수 있었다.

판돌피니 코치는 여러 면에서 부족한 어린 웨이츠킨에게 체스 경기를 위한 여러 기술을 자세히 가르칠 수 있었지만 그렇게 하지 않았다. 배움이 늦어지거나 다소 돌아가더라도 하나하나 스스로 발견해 나가는 방식을 선택했다. 오래 지나지 않아 웨이츠킨은 판돌피니의 실력을 뛰어넘어 그의 곁을 떠났다. 훗날 세계 챔피언이 된 웨이츠킨은 판돌피니 코치가 공장의 기계를 돌리듯 선수를 마구 몰아붙이는 대부분의 코치들과 달랐다고 회고했다[26].

---

26 조시 웨이츠킨의 책 『배움의 기술』에 나오는 이야기를 각색한 에피소드

단지 들어가지 않았을 뿐이다

2002년 브리티시 오픈 2라운드가 끝나고 타이거 우즈에게 한 기자가 물었다.

"오늘 퍼팅라인을 읽는데 문제가 있었던 것은 아닙니까?"

우즈는 대수롭지 않다는 듯이 답했다.

"라인을 읽는 데는 아무 문제가 없었습니다. 단지 공이 홀에 들어가지 않았을 뿐입니다."

그는 자신의 부진한 퍼팅에 대한 원인을 애써 찾으려 하지 않았다. 우리는 많은 경우에 'A의 원인은 B이고, B의 원인은 C'라는 방식으로 사고하는 경향이 있다. 이를 뉴턴식 사고(Newtonian Thinking)라고 부르기도 한다. 뉴턴식 사고에 길들여진 인간의 의식은 어떤 결과에 대한 분명한 이유를 찾길 원한다. 뇌는 불확실성을 싫어하기 때문이다. 하지만 원인과 결과가 서로 꼬리를 물면서 얽히고 설켜 돌아가는 세상 속에서 하나의 사건을 한 가지의 이유로 설명하는 것은 사실상 불가능하다. 설령 가능할 수는 있어도 실제를 정확히 반영했다고 보기는 어렵다. 하지만 인간의 뇌는 이유를 모를 때 느껴지는 답답함과 불안함으로부터 벗어나기 위해 어떻게든 이유를 찾아내려고 애를 쓴다.

경기가 끝나면 코치나 선수는 이런저런 승패의 이유를 찾는다. 보통 이겼을 때보다 졌을 때 집요하게 찾는다. 가장 많이 등장하는 단골 메뉴는 단연 정신력과 집중력이다. 어린 선수들의 경기에서 큰 점수차로 지기라도 하면 '정신력이 빠져서' 그렇다며 험악한 분위기로 군기를 잡는 경우가 비일비재하다. 반대로 어쩌다 경기 막판에 역전을 해 이기기라도 하면 '선수들이 포기하지 않아서' 이겼다고 흐뭇해한다. 나는 그런 말을 들을 때마다 당황스럽고 고개가 갸우뚱해진다. 승리의 원동력이나 패배의 이유가 그렇게 단순할까? 집중력을 놓치지 않고 최선을 다했지만 여러 다른 요인이 작용해 허무하게 패배할 수도 있는 것이 스포츠다. 우리 팀의 모든 조건은 완벽했지만 상대의 '인생 최고의 경기'에 걸리면 힘 한 번 못 쓰고 질 수밖에 없다. 컨디션 조절에 실패해 반쯤 포기하는 심정으로 나간 경기가 행운이 반복되며 승리를 안겨주기도 한다.

NBA에서 역대 통산 3점슛 2위 기록을 가지고 있는 레이 알렌도 부진한 슛에 대한 이유를 묻는 기자의 질문에 다음과 같이 답한 적이 있다.

"오늘 숏이 잘 들어가지 않던데 슬럼프에 빠진 거는 아닙니까?"

"아니요. 오늘 숏감은 좋았습니다. 단지 들어가지 않았을 뿐입니다."

스포츠 심리학자인 밥 로텔라 박사의 책『퍼팅, 마음의 게임』에서 소개하고 있는 세베 바예스트로스의 일화도 재미있다. 마스터스에서 두 번이나 우승을 차지했던 그는 1986년 마스터스 대회에서 치명적인 4퍼트를 하고 만다. 그날의 라운딩이 끝나고 인터뷰에서 한 기자가 어떻게 4퍼트를 하게 되었는지 물었다.

"퍼팅을 했는데 안 들어갔어요. 또 퍼팅을 했는데 안 들어갔습니다. 또 퍼팅을 했는데 안 들어갔어요. 또 퍼팅을 했더니 들어갔습니다[27]."

바예스트로스의 말에 사람들은 웃음이 터졌다. 로텔라 박사는 바예스트로스의 이 말에 담긴 그의 챔피언다운 사고 방식을 설명한다. 기자는 실패의 이유를 물었지만 바예스

---

27 세베 바예스트로스가 실제로 한 말이라고 한다. "I miss the putt. I miss the putt. I miss the putt. I make."

트로스는 자신의 퍼팅이 계속 실패한 이유를 설명하지 않았다. 오거스타의 악명높은 빠른 그린을 핑계대지 않았고, 자신의 퍼팅 동작에 이러저러한 문제가 있었다고도 말하지 않았다. 심지어 운이 없었다는 말도 하지 않았다. 그는 퍼팅을 실패했지만 굳이 그 이유를 찾으려 하지 않으며 다음 퍼트를 이어나갔다. 비록 우승은 하지 못했지만 그는 치명적인 4퍼트를 했음에도 불구하고 4위라는 좋은 성적으로 대회를 마무리할 수 있었다.

타이거 우즈나 레이 알렌, 세베 바예스트로스의 말은 'A의 원인은 B일 수도 있고, C일 수도 있다'는 사고 방식을 은연중에 드러낸다. 이런 사고 방식은 원인과 결과를 가능성과 확률의 관점으로 받아들인다고 해서 양자역학적 사고(Quantum Thinking)라고도 부른다. 그들은 삶의 불확실성에 저항하지 않고 벌어진 결과를 담담히 받아들이는 모습을 보여준다. 이유를 찾는 노력은 당연히 기울이지만 그 노력이 지나쳐 스스로를 파괴하는 어리석음은 허락하지 않는다.

6장

늘 집중하라는 말을
듣고 자란 결과

경기장에서 선수가 코치로부터 자주 듣게 되는 말 중에 하나를 꼽으라면 단연 "집중하라"는 말이 아닐까 싶다. 작전타임 시간에 나누는 대화를 듣다 보면 '집중'을 주문하는 코치의 말을 심심치 않게 듣게 된다. 연거푸 상대팀에게 점수를 내주거나 선수들끼리 호흡이 맞지 않아 공을 빼앗겼을 경우에도 벤치에서는 "집중!"을 외치며 선수의 주의를 환기시킨다. 방송 중계 중에도 선수의 실수가 나오면 "집중력이 떨어졌다"는 말로 실수의 이유를 설명하는 경우를 자주 본다. 그런 이야기를 들을 때마다 나는 고개가 갸우뚱해진다. 상대 수비를 놓치고, 쉬운 리시브를 실수하고, 평범하게 굴러오는 땅볼을 놓치는 것이 정말 집중을 하지 않았기 때문일까? 다른 이유일 수도 있지 않나? 어쩌면 과도하게 집중을 했기 때문일 수도 있지 않을까?

또 하나 물음표가 일어나는 장면은 선수들이 벤치에

서 쉬고 있을 때도 집중하지 않는다고 야단을 맞을 때다. 특히 유소년 경기에서 자주 목격한 장면이다. 자기가 직접 경기를 뛰지는 않더라도 어떻게 경기가 진행되고 있는지 잘 지켜보는 일은 당연히 필요하다. 직접 뛰는 시간뿐만 아니라 다른 선수들의 경기를 보면서도 선수는 많은 것을 배울 수 있다. 하지만 벤치에서 쉬고 있는 시간조차 그렇게 온마음을 집중해서 경기에 몰입해야만 하는 건지 궁금해진다. 경기를 뛸 때도 계속 집중하고, 벤치에 들어와서도 마음과 눈을 고스란히 경기장에 남겨 놓는 것이 경기력을 높은 수준으로 유지하는데 도움이 되는지 의문이 든다. 다른 무엇보다 그것이 가능한 일인지도.

나는 선수들이 반복해서 듣는 집중하라는 말이 오히려 '올바른 집중'을 방해하는 것은 아닌가 하는 생각을 오래 전부터 여러 스포츠 경기를 보면서 해왔다. 늘 집중하라는 말을 들으며 자란 결과 집중력이 극도로 발휘되어야 하는 순간에 최고의 집중력을 끄집어 내지 못하는 것은 아닐까 하는 의심이다. 집중(focus)과 주의(attention)와 같은 정신적인 기능을 연구하는 신경과학자들이나 학습 전문가들은 주의력이나 집중력이 한정된

자원이라고 이야기한다. 체력처럼 정해진 시간에 쓸 수
있는 양이 정해져 있다는 의미다.

체력처럼 쓸 수록 고갈되는 집중력

집중력이 아껴서 사용해야 할 한정된 자원이라는 사
실을 이해하고 있는 선수들은 필요한 순간에 집중력을
극대화하기 위한 전략과 루틴을 사용하고 있다. 메이저
리그의 2632경기 연속 출장 기록을 가지고 있는 '철인'
칼 립켄 주니어는 수비를 하러 나갔을 때 관중석을 보며
모자의 숫자를 세는 독특한 루틴을 사용했다. 그가 모자
를 너무나도 좋아해서는 당연히 아니고 그렇게 숫자를
세며 마음을 이완시키기 위한 목적이다. 한 마디로 경기
와는 무관한 '딴짓'을 한 셈이다. 가끔은 흰색 모자를 세
기도 하고, 빨간색 모자를 세기도 했는데 이런 방법이
몸과 마음을 편안하게 하는데 도움이 되었다고 한다. 그
러다가 수비 이닝이 시작되면 투수가 공을 던질 무렵부
터 조금씩 집중하기 시작해 타자가 공을 맞추는 컨택 순
간에 집중력을 극대화하고자 했다. 집중과 이완 모드를
왔다갔다 하기 위한 스위치로 관중의 모자를 바라보는
구체적인 실천 전략을 사용한 것이다.

롯데 자이언츠 박세웅 선수도 오랜 시간 집중 상태를 유지하려는 마음의 습관을 알아차린 후에 경기력이 좋아진 경험을 이야기한 적이 있다[28]. 박세웅 선수는 경기가 있는 날이면 몸을 풀 때부터 경기에 들어가기 전까지 최대한 집중력을 유지하려고 애를 썼다고 한다. 그러다가 막상 경기가 시작되면 집중력이 흐트러지는 경험을 여러차례 반복했다. 그는 문제를 해결하기 위해 경기를 준비하는 모드에 변화를 주었다. 집중해서 웝업을 하고 나서 경기가 시작되기 전까지 마음을 풀고 편하게 있기로 했다. 마운드에 올라가는 순간부터 집중하는 방식으로 루틴을 바꾸었다. 박세웅 선수는 집중하는 시간이 짧아진 후부터 좋은 결과가 나왔다고 말한다.

내가 선수의 몸과 마음에 입력되는 정보로 '집중'이라는 말이 적절한가 의문을 가지는 또 하나의 이유는 '집중'이라는 단어에서 느껴지는 긴장감 때문이다. 경기가 잘 풀리지 않을 때나 승부를 결정짓는 긴박한 상황에 특히 '집중'이라는 말을 자주 사용한다. 한자어 집중

---

28   구독 허구연 유튜브 '롯데 박세웅이 '새가슴'을 완벽히 극복하고, 리그 정상급 선발투수가 된 비결'

(集中)이라는 말이 담고 있는 뜻처럼 집중하라는 이야기를 들은 선수는 마음을 어느 한 곳으로(中) 모으는(集) 감각으로 자신의 멘탈을 세팅하는 것은 아닐까? 무언가에 몰입된 마음은 몰입의 대상에는 민감해지지만 주변의 정보에는 오히려 둔감해진다. 경기장을 폭넓게 보질 못하고 시선도 어느 한 지점에 머무르기 쉬워진다. 그렇게 시야가 좁아지면 입력되는 정보가 줄어들어 올바른 선택을 할 가능성도 그만큼 낮아지게 된다.

앞 장에서 소개했던 체스 챔피언 조쉬 웨이츠킨은 집중력의 본질을 이해하고 경기력을 다른 차원으로 끌어올린 사례를 자신의 책 『배움의 기술』에 적고 있다. 그는 머리로 싸우는 체스는 물론 몸으로 싸우는 태극권에서도 세계 챔피언에 오른 신기한 이력을 가진 사람이다. 한마디로 학습의 고수, 배움의 달인이라고 할 수 있다. 웨이츠킨은 책에서 체스 선수로서 큰 전환점이 된 심리학자 데이브 스트리겔과의 대화를 소개한다. 스트리겔은 웨이츠킨을 처음 만났을 때 이런 질문을 던졌다고 한다.

"조금이라도 휴식을 취하고 나면 집중이 잘 됩니까?"

단순하기 짝이 없는 이 질문이 웨이츠킨의 내면을 크

게 각성시키게 된다. 체스 경기에서 보통 말을 놓기까지 걸리는 시간은 2분 내외다. 하지만 웨이츠킨은 다음 수가 잘 보이지 않으면 20분이 넘도록 깊은 생각에 빠지곤 했다. 하지만 그렇게 오랜 시간의 고민 끝에 내린 선택은 결과가 별로 좋지 못한 경우가 많았다. 웨이츠킨은 심리학자 스트리겔의 질문을 통해 자신의 문제를 간파했다. 그것은 바로 쓸데없이 경기 내내 집중하는 습관이었다. 집중하려고 애쓰는 습관이라는 표현이 더 정확할 것 같다. 웨이츠킨은 늘 경기에 집중하고 있어야 한다는 믿음을 가지고 있었다. 그래서 상대가 말을 놓을 차례에서도 체스판에서 눈을 떼지 않고 자신의 수를 생각하며 시간을 보내곤 했다.

심리학자 스트리겔과의 대화를 계기로 웨이츠킨은 경기를 풀어나가는 방식을 완전히 바꾸었다. 경기 중에도 수시로 긴장을 풀기 위한 작업을 했다. 자신의 차례가 아닐 때는 말의 움직임에 대해 그다지 생각하지 않았다. 아이디어가 잘 떠오르지 않으면 일어나 물을 마시거나 세수를 하기도 했다. 그렇게 짧은 시간이나마 몸과 마음에 휴식의 시간을 제공하고 다시 체스판에 집중했다.

웨이츠킨의 부모도 집중과 휴식 모드를 적절히 전환하는 능력을 키우는 데 큰 역할을 했다. 대부분의 코치나 부모들이 경기가 끝나면 지난 경기를 분석하고 다음 경기를 준비한다는 이유로 선수를 계속 긴장 속으로 몰아가는데 반해 웨이츠킨의 아버지는 그 시간에 낮잠을 자게 하거나 체스를 잊고 밖에 나가서 놀다 오게 했다고 한다. 이렇게 집중과 이완 사이를 왔다갔다 하며 마음을 컨트롤하는 능력이 커지자 웨이츠킨은 위기 상황에서도 30분 이상 깊이 생각할 수 있는 힘이 생겼다.

어느 정도 시간이 흐르면 집중력이 고갈되는 경험은 사실 누구나 일상에서 하고 있다. 책을 읽다 보면 어느 순간 책의 내용이 잘 들어오지 않고 계속 같은 구절에서 맴돌며 무슨 뜻인지 이해가 되지 않을 때가 있다. 그런데 다음 날 책을 폈을 때 '아. 이게 그런 뜻이구나.' 하면서 어제 눈을 멈추게 한 문장이 선명하게 이해가 된다. 책의 내용은 그대로지만 어제는 고갈된 집중력으로 인해 문장의 의미가 제대로 들어오지 않은 것이고 오늘은 집중력이 다시 생생하게 살아나 머리의 인지 기능이 제대로 작동했기 때문이다. 골몰히 고민하던 문제가 친구와 커피 한잔 하며 가볍게 이야기를 나누는 와중에, 아니면 음악을 들으며 가볍게 산책을 하다가 번쩍 아이디어가 떠오르며 해결되는 경험도 종종 한다. 뜬금없는 순간에, 어찌보면 마음이 산만하게 여기저기 떠돌아다니다가 '아하' 하는 순간과 마주하는 이런 경험을 어떻게 이해해야 할까?

집중 상태에서 벗어나도 뇌는 일을 하고 있다

오클랜드대학의 바바라 오클리 박사가 정리한 인간의 두 가지 학습 모드(사고 모드)를 이해하면 코치나 선수들이 올바른 집중을 실천하는데 도움이 될 듯하여 간단하게 소개하려고 한다. 공학박사인 오클리 박사는 20대 중반까지 수학과는 담을 쌓고 살아온 사람이다. 어릴 때부터 수학은 자신과 거리가 먼 분야라고 생각을 했고 자신은 어학과 문학에 재능이 있다고 믿었다. 그래서 대학에서도 문학을 전공했으며 러시아어를 공부해 통역 장교로 군복무를 하기도 했다. 하지만 과학기술이 미래에 중요한 영역이 될 거라는 사실을 직감하고 수학 공식과 과학 용어들을 하나의 '언어'라 생각하고 공부하기로 결심한다. 그렇게 다시 공학을 전공해 인생의 커리어를 송두리째 바꾸는데 성공한다.

문학에서 공학으로 전공 분야를 바꾸는데 성공한 오클리 박사는 자신의 학습 방법을 묻는 사람들의 질문에 인간의 두 가지 사고 모드를 이해하는 게 중요하다고 이야기한다. 바로 집중(focus) 모드와 산만(diffuse) 모드다. 우리는 보통 산만함을 못마땅해한다. "너는 왜 이렇게 산만하니?" "그렇게 집중을 못해서 어쩌니." 산만한 아이들은 늘 야단을 맞는다. 하지만 어린 아이들이 세상을 배워나가는 과정에 산만함이 어떤 역할을 하는지에 대해서는 잘 인식하지 못한다. 오클리 박사는 두 기능의 목적이 다를 뿐 인간에게는 집중과 산만, 두 가지 모드가 모두 필요하다고 말한다.

 바바라 오클리 박사의 TED 강연

몰입과 집중을 통해 우리는 깊이 있는 작업이나 탐구가 가능하다. 생산적인 활동에는 대개 집중의 마음이 함께 하고 있다. 운동학습이든 다른 학습이든 학습의 상당 부분은 집중 모드에서 일어난다. 하지만 마음이 여기저기 떠다니며 방황하는 듯 보이는 산만 모드도 우리가 무언가를 배우고 익히는데 나름의 역할을 하고 있다. 바바라 박사는 산만 모드에서도 인간은 다양한 문제를 풀기 위해 움직이고 있다고 말한다. 의식적인 활동이 아니기 때문에 우리가 인지하지 못할 뿐이다. 친구와 지난 밤에 본 드라마에 관한 이야기를 나누다가, 사우나를 하다가, 지나가는 길에 어느 광고 문구의 한 구절을 보다가 문득 아이디어가 떠오르는 경우가 바로 산만 모드에서도 뇌가 일을 하고 있다는 증거다.

오클리 박사는 진화 생물학의 관점에서 인간에게 두 가지 모드가 존재하는 이유를 설명한다. 두 가지 모드가 있었기 때문에 인간은 오랜 시간을 생존해 왔다고 말한다. 먹이를 찾거나 새끼를 돌보는 작업을 위해 인간은 주로 집중 모드를 사용해 왔다. 그리고 자신을 위협하는 야생동물이 있는지 주변을 늘 스캔하는데 산만 모드를 사용해 왔다. 오클리 박사는 자식에게 먹이를 주는 새들의 모습을 예로 들어 두 모드의 역할을 설명한다. 새들의 모습을 유심히 지켜보면 둥지에서 입을 벌리고 있는 자식들에게 먹이를 주다가도 잠시 멈춰서 주변을 스캔하는 모습을 보여준다.

오클리 박사는 언어, 악기, 체스 등 복합적인 기술을

배우려면 집중 모드와 산만 모드를 조화롭게 활용해야 한다고 말한다. 집중 모드를 오래 유지할 수는 없기 때문에 중간중간 산만 모드로 전환하는 법을 배워야 한다는 것이다. 어떤 이는 이렇게 집중력이 고갈되어 학습이 제대로 이루어지지 않는 현상을 '인지 터널링'이라 부르기도 한다. 새까만 터널에 들어가 앞이 캄캄해진 상황처럼 정보가 제대로 파악되지 않는 상태를 은유적으로 표현한 말이다.

우리는 산만 모드에서 위대한 발견을 한 사례들을 은근히 많이 알고 있다. 사실 여부에 대한 논쟁이 있기도 하지만 뉴턴은 사과나무가 떨어지는 모습을 보고 중력의 법칙을 떠올렸다. 우리 대부분은 아르키메데스가 무슨 이론을 발견했는지는 잘 몰라도 그가 목욕을 하다가 비중에 대한 아이디어가 떠올라 "유레카!"를 외치며 벌거벗은 채로 목욕탕을 뛰쳐나갔다는 일화는 알고 있다. 『쇼생크탈출』, 『미저리』 등을 쓴 세계적인 소설가 스티븐 킹은 샤워나 운전을 하다가, 그리고 산책을 할 때 떠오른 아이디어를 메모해 두었다가 그것들을 연결해 스토리를 만들어 나간다고 한다. 물론 이들의 발견이나 아이디어는 사과나무나 욕조 때문이 아니라 자신이 풀고 싶은 문제에 대해 끊임없이 질문을 품고 고민한 결과라고 할 수 있다. 문제를 풀고 싶다는 간절한 바램이 있었기에 어디를 가든, 누구를 만나든, 그와 관련된 정보들을 무의식적으로 찾아 헤맨 것이다.

여기서 우리는 직접 그 주제에 집중하고 있는 시간이 아닌 잠시 떨어져 마음이 산만하게 떠도는 시간 속에서 그런 '유레카!'의 순간이 찾아왔다는 점을 주목할 필요가 있다. 어떻게 보면 운동선수도 자신의 몸으로 매일 실험을 하는 과학자라고 나는 생각한다. '이렇게 해보면 무슨 일이 생길까?' 가설을 세우고 실험을 해서 그 결과를 확인하는 것이 과학의 기본 프로세스다. 과학적 발견은 결국 이 단순한 과정의 반복으로 탄생하는 성과다. 운동선수도 매일 새로운 동작과 기술을 실험하고 그 결과를 확인하는 과정을 반복한다. 어느 날은 '드디어 내가 원하는 감각을 찾았어' 하는 희열을 느끼기도 하지만, 또 다른 날은 오랜 시간 연습을 했어도 오히려 기량이 퇴보한 것 같은 좌절감 속에서 하루를 마치기도 한다. 그럴 때 대부분의 선수들은 자신을 더욱 채찍질하면서 몰아붙이는 경우가 많다. 휴식에 대해 은연중에 가지고 있는 부정적인 믿음, 가만히 있어서는 안된다는 불안감에 지배되기 때문이다.

스탠포드대학의 신경과학자 앤드류 휴버맨 박사는 삶의 질을 높이거나 학습에 도움을 주는 다채로운 뇌과학, 신경과학 연구들을 소개하는 팟캐스트를 운영하고 있다. 휴버맨 박사가 2011년에 발표된 한 논문을 인용해 기술을 빠르게 습득하는 방법과 관련한 흥미로운 아이디어를 소개한 적이 있다[29]. 바로 훈련을 마치고 '아무 것도 하지 않기'의 효과다.

여기서 '아무 것도 하지 않기'란 단순히 신체와 정신의 휴식을 이야기하는 것이 아니다. 우리가 무언가에 몰입을 하고 있지 않을 때에도 뇌에서는 학습과 관련한 일을 하고 있다는 사실을 말하고 있다. 우리 뇌에는 기억과 밀접한 관련이 있는 해마라는 조직이 있다. 훈련이 끝나면 어떤 추가적인 자극을 주지 않아도 운동을 했던 과정과 연결된 뉴런(신경세포)들이 해마에서 리플레이된다고 휴버맨 박사는 소개한다. 그런데 이런 리플레이 과정에서 흥미로운 점은 훈련 중에 제대로 움직인 동작은

---

29   Eran Dayan, Leonardo G. CohenNeuroplasticity Subserving Motor Skill Learning (2011)

리플레이하고, 제대로 움직이지 못한 동작은 기억에서 없애버리는 현상이 관찰된다는 것이다.

그래서 휴버맨 박사는 어떤 기술이든지 습득을 위한 훈련이 끝나면 잠시 동안 아무 것도 하지 않는 시간을 가질 것을 권한다. 5~10분 동안 눈을 감고 가만히 앉아 어떤 감각 정보도 받아들이지 않는 상태에서 뇌의 복습(!)을 도와주라는 의미다. 그 시간 동안 뇌는 올바른 움직임 패턴에 해당하는 뉴런을 강화시키게 된다. 휴버맨 박사는 동작의 순서가 거꾸로 리플레이되는 이유에 대해서는 아직 밝혀진 내용이 없다고 솔직하게 고백한다. 하지만 뇌에서 벌어지는 이런 복습 과정이 기술습득을 강화하는데 중요한 역할을 하는 점은 분명하며 어쩌면 훈련에서 힘들게 땀을 쏟는 시간만큼 가치있다고 이야기한다.

쉬면 불안한 선수들

적절한 휴식과 회복이 뒷받침되어야 최고의 경기력을 보여줄 수 있다는 사실이 여러 과학적인 근거들을 토대로 세상에 알려지고 있지만 여전히 우리 스포츠 문화는 이런 개념을 현실에 녹여내지 못하고 있다. 여러 종목 유소년 선수들의 심리 상담을 하고 있는 EFT스포츠 심리상담센터 김병준 멘탈코치는 '불안해서 마음 편히 쉬지 못한다'고 하소연하는 선수들이 많다는 이야기를 들려준 적이 있다. 쉬면 불안해지는 마음의 습관은 결국 어릴 때부터 겪은 일들과 그에 얽힌 감정들이 무의식에 차곡차곡 쌓이면서 만들어진 결과라고 할 수 있다.

최선을 다해 훈련을 하고 운동장 한 켠에 앉아 잠시 친구들과 웃으며 이야기를 나누고 있는데 코치가 다가와 '훈련 중인데 장난이나 치고 딴짓을 한다'고 혼을 낸다. 고된 훈련으로 녹초가 되어 집으로 돌아왔더니 아빠가 '바깥에 나가 줄넘기 천 번 하고 오라'고 등을 떠민다. 교체가 되어 벤치로 들어와서도 '경기에 집중하지 않는다'는 코치의 지적을 받고 시선을 내내 경기에 집중한다. 이렇게 잠시라도 모든 것을 내려놓고 온전히 쉬는 경험을 제대로 하지 못한 선수는 쉴 때마다 알 수 없는 죄책감이 올라오며 '쉬지 말고 무언가를 해야 한다'는 주문을 끊임없이 스스로에게 하게 된다. 그런 모습을 보며 코치, 부모 모두 흐뭇한 미소를 보낸다. 그렇게 코치와 부모, 선수 자신의 에고를 만족시킨 시간은 지나가고 선수는 충분한 휴식의 기억을 내면의 프로그램에 심을 기회를 놓치게 된다. 이런 시간들이 쌓이며 선수는 자연스럽게 '훈련은 좋은 것, 휴식은 나쁜 것'이라는 단순하면서 이분법적인 믿음을 자신의 신념 체계에 프로그래밍하게 된다.

휴식과 집중에 관한 이야기를 하다 보니 프로야구팀의 M코치로부터 들은 에피소드 한 토막이 떠오른다. 팀은 퓨쳐스팀에서 관행적으로 하던 야간훈련을 과감히 없애기로 결정을 한다. 낮에 충실히 연습을 했다면 굳이 밤에까지 힘을 뺄 필요는 없으며, 잘 쉬어야 다음 날 경기나 연습에서 제대로 된 실력을 보여줄 수 있다는 판단에서 퓨쳐스팀 감독이 내린 결정이었다. 차라리 그 시간에 개인 시간을 즐기면서 푹 쉬고 다음 날에 보다 좋은 컨디션으로 경기장에 나오는 것이 더 효과적이라고 감독은 생각했다. 또한 그 팀은 전체 연습에서 웨이트 트레이닝의 비중이 상대적으로 높은 팀이었다. 트레이닝의 효과를 극대화하기 위해서는 충분한 회복 시간이 필수다. 하지만 감독은 자신의 선택으로 하는 자발적인 야간 훈련까지 막지는 않았다.

저녁 시간이 되자 M코치는 누가 야간훈련을 하러 나오는지 궁금해지기 시작했다. M코치 역시 선수 생활 내

내 특별한 일이 없으면 저녁을 먹고 나와서 혼자 배트를 휘두르던 습관이 있었기 때문에 비록 감독이 공식적인 야간 훈련을 없애기는 했지만 선수들도 그렇게 나와서 연습을 하리라는 기대를 가지고 배팅 게이지와 운동장 주변을 배회하며 관찰했다. 역시나 상당히 많은 선수들이 나와서 배트를 들고 스윙 연습을 하는 모습이 보였다. 선수들도 M코치가 지켜보고 있다는 사실을 알고 있는 눈치였다. 그렇게 며칠을 밤에 나가서 선수들의 야간 훈련을 지켜보던 어느 날, M코치는 그 사실을 알게 된 퓨쳐스팀 감독에게 불려가 누가 야간훈련을 하는지 나가서 지켜보지 말라는 당부를 받게 된다.

"어떤 선수는 낮에 올아웃[30]될 정도로 모든 힘을 다 쏟았기 때문에 나오지 못했을 수 있습니다. 코치가 그렇게 나와서 지켜보고 있다는 사실을 알면 쉬어야 할 선수가 제대로 쉴 수가 없습니다."

M코치는 감독과의 대화를 통해 큰 깨달음을 얻었다고 말했다. 사실 선수들이 밤에 하는 연습을 지켜보면서 M

---

30 스포츠 생리학 용어로 에너지가 완전 고갈되어(all out) 더 이상 운동을 수행할 수 없는 상태를 말한다.

코치는 마음 한구석에 조금씩 편견이 쌓여가고 있었다.

'00는 아직 부족한 게 많은데 안 나오네?'

'00는 역시 열심히 하는구나.'

M코치는 야간 훈련에 꼬박꼬박 나오는 선수를 편애하는 마음이 생겼다는 것을 그때서야 알아차렸다. '아. 어쩌면 선수들이 나 때문에 나오는 걸지도 모르겠다. 내 눈치 보느라 제대로 쉬지를 못하는구나.' 그날 이후로 M코치는 밤에 나가서 선수들을 지켜보는 일을 하지 않았다. 선수들도 눈치를 보며 연습을 하러 나오지 않게 되었다. 그렇게 짧은 혼돈의 과정을 지나 팀에는 정말로 자율적으로 야간훈련을 하는 문화가 자리잡게 되었다고 M코치는 말해 주었다.

중요한 대회를 앞두고 찾아온 가족

2022년 플레이어스 챔피언십에서 캐머런 스미스 선수가 우승을 했다는 외신 기사를 읽다가 호주에 살고 있는 가족들이 한 달 전에 미국으로 넘어와서 함께 지냈다는 대목이 눈에 들어왔다. 코로나 때문에 왕래가 어려워서 캐머런 선수는 2년 간 가족들과 떨어져 지냈다고 한다.

문득! 그의 가족들은 왜 플레이어스 챔피언십이라는 중요한 대회를 코 앞에 두고 찾아왔을까 궁금증이 일어났다. 우리의 정서라면 '곧 중요한 경기가 있으니까 그것만 끝나고 가자!' 이런 선택을 했을 것 같기 때문이다. 하지만 캐머런의 가족들은 마치 '대회보다 우리가 더 중요해!'라고 선언하듯 41억의 우승 상금이 걸린 경기를 목전에 두고 스미스 선수를 찾아갔다. 올라온 사진들을 보니까 플로리다 해변을 찾아 함께 가벼운 여행도 하며 지낸 것 같다. 대회에 집중하지 않고 말이다!

우리의 문화는 중요한 이벤트를 앞두고는 가족이든 누구든 '단절'을 통해 마음을 모으는 방식을 주로 사용한다. 단체로 합숙에 들어가는 경우도 여전히 많다. 다가올 행사나 경기 외에 다른 곳으로 관심을 보내는 행동을 죄악시한다. 그 대상이 심지어 가족일지라도.

그런데 미국이나 유럽의 스포츠 세계에서 벌어지는 일을 가만히 들여다보면 중요한 경기를 앞두고는 오히려 떨어져 있던 가족을 불러 모으곤 한다. 월드컵이 열리면 가족들을 초대해 선수와 함께 시간을 보내도록 챙겨주는 팀들이 많다. 메이저리그 선수들도 포스트시즌이 되면 가족들이 함께 전용기를 타고 이동하는 모습을 자주 볼 수 있다.

중요한 경기라고 해서 준비하는 모든 과정에 힘을 쏟을 필요는 없을 것이다. 오히려 과도한 긴장감이 경기를 그르치곤 한다. 인간의 주의력과 집중력이 체력과 마찬가지로 사용할수록 고갈되는 자원이라면 경기에서 최대의 집중력을 발휘하기 위해서는 오히려 나머지 시간을 보다 적극적으로 심신을 이완하는데 활용할 필요가 있다. 캐머런 선수에게는 가족과 소소한 일상을 보내는 것이 몸과 마음을 쉬는데 가장 좋은 방법이었을 것이다. 중요한 경기, 일생일대의 시합이라는 메시지를 선수에게 계속 입력하며 시종일관 전의를 다지며 준비하도록 하는 것이 과연 올바른 접근인지 따져볼 일이다.

EFT스포츠심리상담센터의 김병준 멘탈코치는 심한 송구 입스 문제로 찾아온 P선수의 사례를 코치라운드에 기고한 적이 있다. 누구보다 성실하게 훈련을 해온 P선수는 갑자기 찾아온 1루 송구 입스 문제로 좌절을 겪고 있었다. 잠도 제대로 못 잘 정도로 스트레스를 받고 있는 상태였다. 지속적인 상담을 통해 내면에 자리잡은 불안을 마주하고 치유해 나가는 작업을 하면서 김병준 코치는 무엇보다 P선수에게 필요한 것은 야구에 대한 집착을 내려놓는 일이라 판단했다. P선수는 1년 365일 야구만을 생각하며 사는 듯했다. 훈련이 쉬는 날이면 모교를 찾아 공을 던졌다. P선수에게는 야구 말고 다른 일에 관심을 가지면 안 된다는 믿음이 있었다. 어릴 때부터 코치를 비롯해 수많은 어른들로부터 그런 말을 들으며 자라왔기 때문이다.

김병준 코치는 P선수에게 야구가 아닌 다른 활동을 즐기도록 권유했다. 한강에서 자전거도 타고, 가볍게 친구들과 농구도 하면서 여가 시간을 보내도록 유도했다. P선수는 왠지 그래서는 안 될 것 같은 기분에 처음에는 주저했지만 조금씩 야구를 완전히 잊고 시간을 보내는데 익숙해졌다. 여자친구도 사귀고 책도 읽고 기타도 배우면서 야구가 아닌 다른 것들로 자신의 삶을 채우기 시작했다. 그렇게 P선수는 야구에 대한 집착을 내려놓으며 송구 입스를 극복할 수 있었다. 전체적으로 플레이에 여유가 생기면서 경기력도 좋아졌다.

잘하고 싶다면 때로는 벗어나자

한국 골프의 새로운 역사를 연 박세리 씨는 '무조건 열심히만' 한 자신의 방식을 후배 선수들이 맹목적으로 따르지 말았으면 하는 바람을 한 미디어와의 인터뷰에서 이야기했다[31]. 박세리 씨는 조금의 빈틈도 허락하지 않고 혹독하게 자신을 몰아부치는 것을 자기관리라고 생각했는데, 돌이켜 보니 그것은 '자신을 아끼지 않은 행동'이었다고 말했다. 인터뷰에서 박세리 씨는 애완견과 놀면서 '할 수 있는 것이 이거 밖에 없다는 사실'에 너무 슬퍼 눈물이 났다는 말을 하고 있다. 비록 자신은 쉬는 법을 배우지 못해 정신적으로 힘든 시간을 보냈지만 후배 선수들에게는 대회나 훈련이 끝나면 골프와 관계없는 다른 일을 하며 재미있게 시간을 보내라고 조언한다.

경북대학교 체육교육과 김진구 교수는 선수가 자신이 하는 운동 외에 다른 경험을 해야 하는 이유를 뇌과학의 관점에서 설명한다[32]. 오로지 운동에만 올인해서 뇌의 특정 영역이 활성화된 선수는 외부 환경에 변화가 없는 조건에서는 뛰어난 퍼포먼스를 보여준다. 하지만

---

31 조선일보 2016년 10월 22일 기사 '[Why] 골프는 못 즐겼지만 인생은 즐기고 싶다'
32 네이트 2011년 2월 18일 야구라 칼럼 '야구만 열심히 한다고 '멘탈'이 좋아질까?'

실제 경기에서 그런 조건은 주어지지 않는다. 경기는 매 순간 일어나는 변화에 창의력을 발휘해 대응해 나가는 일련의 과정이다. 그래서 김진구 교수는 뇌의 여러 주변 요소를 강화해야 한다고 이야기하면서, 자신이 멘탈 코칭을 하는 선수들에게 공부를 하라고 권한다고 한다. 여기서 말하는 공부는 책을 보면서 읽고 쓰고 하는 그런 협소한 의미의 공부가 아니다. 책을 읽거나, 영화를 보거나, 그림을 보거나 하는 등 자신의 내면에 다양한 자극을 주는 인생 공부다. 야구에 지장이 안 가는 수준에서 다른 운동을 취미로 권하기도 한다.

NBA의 3점슛 역사를 새로 쓰고 있는 스테판 커리는 2018년 서부 컨퍼런스 파이널 7차전을 앞두고 골프 코스로 향했다[33]. 커리에게 골프는 농구로부터 벗어나게 해주는 동시에 농구를 위한 팁을 제공해주는 활동이다. 커리는 PGA 선수들과 함께 라운딩을 하며 "코스에 나가 몇 개의 홀이 막히면 샷 사이에 속도를 늦춰야 한다"는 조언을 들었다. 커리는 PGA 선수들이 해준 조언을 들

---

33   San Fransisco Chronicle 2018년 5월 28일 기사 'Game 7 nerves? Stephen Curry recommends deep breaths, and a golf tip'

고 들뜬 자신의 마음을 알아차릴 수 있었다. 몸과 마음이 조급해질 수 있기 때문에 조금 천천히 하자고, 속도를 늦추자고 되새겼다. 골프를 치며 마음을 정돈한 커리는 7차전을 승리하고 NBA 파이널에 진출했다. 자연 속에서 친한 사람들과 가볍게 이야기 나누며 시간을 보낼 수 있는 특성 때문인지 많은 선수들이 골프를 취미로 삼고 있다.

도쿄 올림픽 금메달리스트인 영국의 다이빙 선수 톰 데일리는 틈 날 때마다 뜨개질을 한다. 관중석에서 동료 선수의 경기를 관람하며 뜨개질을 하는 모습이 방송 카메라에 잡혀 화제가 되기도 했다. 뜨개질은 톰 데일리에게 일종의 명상이다. 뜨개질이 쓸데없는 생각에 빠지지 않게 도움을 준다고 이야기한다. 톰 데일리는 경기 중간에 대기 시간이 길어질 때도 불필요한 잡념이 자신을 지배하지 않도록 실과 바늘을 꺼내 옷이나 파우치를 만든다.

 톰 데일리 선수의 뜨개질 작품을 모아놓은 인스타그램 계정

독서도 시간, 장소에 구애받지 않고 간편하게 할 수 있기 때문에 많은 선수들이 실천하는 여가 활동 중 하나다. 향상심이 남다른 오타니 쇼헤이는 인간적인 성장을 위해 다양한 분야의 책을 읽는 것으로 알려져 있다. 오타니가 니혼햄 파이터스에서 뛰던 시절 감독이기도 했으며 2023년 WBC 대표팀 감독으로 일본의 우승을 이끌었던 구리야마 감독은 오타니의 독서 스승이기도 했다. 그는 자신의 책『키우는 힘(育てる力)』에서 독서에 얽힌 오타니와의 에피소드를 소개하고 있다.

구리야마 감독은 '일본 자본주의의 아버지'로 불리는 실업가 시부사와 에이치의『논어와 주판』을 오타니에게 권했다고 한다. 한참이 지나 어땠는지 물어보자 오타니는 무척 어려웠다고 솔직하게 답한다. 오타니는 이후에『논어와 주판』읽기를 목표달성표에 적는다.

얼마 전 구리야마 감독은 오타니가 어떤 책을 읽고 있는지 어린 선수들에게 알려주고 싶은 마음에 오타니에게 책장에 꽂혀 있는 사진을 찍어서 보내달라고 부탁을 했다고 한다. 오타니가 찍어서 보낸 사진을 본 구리야마 감독은 깜짝 놀란다. 일본을 대표하는 경영자 이나모리 가즈오와 사상가인 나카무라 텐푸의 책이 보였기 때문이다. 두 책은 『논어와 주판』과 더불어 자신이 예전에 추천한 책이었다. 오타니는 야구장의 라커에도 책을 몇 권 꽂아놓고 있었다. 연습이나 경기가 시작되기 전에도 오타니는 종종 책을 읽는다고 한다. 스포츠 미디어학 박사이자 대학 교수이기도 했던 구리야마 감독은 독서가 자신을 만드는 일이라고 말한다.

독일에서 뛰고 있는 축구 국가대표 이재성 선수도 책을 읽고 글을 쓰는 재미에 빠졌다고 한 미디어와의 인터뷰에서 밝히고 있다[34]. 이재성 선수는 '책을 많이 읽으면 좋은 선택을 할 수 있다'는 문장을 보고 나서 독서를 시작하기로 마음먹었다고 한다. 그는 주로 다른 스포츠 선수들의 자서전을 읽는다. 틈나는 대로 책을 읽기 위해 늘 손에 책을 들고 다닌다. 나는 이재성 선수가 자신의 블로그에 올리는 진솔한 글들을 읽을 때마다 치열한 경쟁과 자기 성찰의 시간을 통해 단련된 힘을 느낀다.

런던올림픽에서 동메달을 딴 축구 국가대표팀의 주장이었던 구자철 씨는 자신의 유튜브 채널에서 유소년

---

34 서울경제 2023년 2월 16일 기사 '책 읽는 축구선수, 상대의 발도 읽는다 [서재원의 축덕축톡]'

선수들에게 축구가 전부여야 한다고 가르치는 현실을 비판했다[35]. 나는 축구가 인생의 전부가 되어서는 안 된다는 구자철 씨의 주장에 동의한다. 어떤 것이 '자신의 전부'라고 믿게 될 때 일어나는 과도한 집착과 비합리적인 선택들을 살면서 누구나 경험한다. 되돌릴 수 없는 결과로 이어지며 삶을 통째로 망가뜨리는 경우도 주변에서 종종 보게 된다. 시작은 애틋한 사랑의 감정이었지만 '이 사람이 나의 전부'라는 망상에 빠져 자신과 상대를 불행에 빠뜨리는 스토킹으로 이어지기도 한다. 투자나 도박으로 패가망신하는 사람들은 '이게 내 삶을 역전시킬 수 있는 유일한 방법'이라 믿는 이들이다. 성공하고자 하는 염원, 몰입하고 헌신하는 노력의 가치를 폄하하고자 하는 말이 아니다. 목표를 향한 건강한 몰입이 파괴적인 집착으로 발전하지 않도록 선수들의 삶을 잘 돌보자는 의미로 읽어주면 좋겠다.

---

35   구자철 official 유튜브 '한국 선수들이 멘탈이 잘 흔들리는 이유'

○ 코치라운드 노트 ○
투수 코치가 바꾼 나의 타격

캔자스시티 로열스 싱글A팀의 선수 대런 펜스터는 타격에 어려움을 겪고 있었다. 투수의 공에 늘 타이밍이 맞질 않았고, 오른쪽으로 날아가는 타구는 빗맞은 플라이, 왼쪽으로 가면 굴러가는 땅볼이 계속 나와 좌절하고 있었다. 타격 코치와 함께 여러 연습을 하며 슬럼프를 벗어나려고 노력을 했지만 좀처럼 타구의 질은 개선되지 않았다. 그 모습을 안타까운 눈으로 지켜보던 빌 슬랙 투수 코치가 그에게 다가와 슬며시 제안을 했다.

"나랑 한 번 연습 해볼래?"

빌 슬랙 코치는 대런 펜스터에게 다른 거는 아무 것도 하지 말고 그냥 유격수 쪽으로 땅볼을 치라고 말했다. '지금 맨날 유격수 땅볼이 나와서 미칠 것 같은데 그걸 일부러 연습하라고?' 코치의 말을 들은 그는 기분이 살짝 상했지만 코치가 평소 보여준 인품을 생각해 일단 해보기로 했다. '그래. 땅볼 치는 건 내가 잘하지.' 이렇게 자포자기한 심정으로 땅볼을 치기 시작했다.

"그래! 땅볼 잘 치네. 이제 조금 강하게 쳐볼까? 세게 치는데 이번에도 반드시 땅볼을 쳐야 돼."

빌 슬랙 코치는 강한 땅볼 타구를 주문했지만 그는 2~3번 바운드가 되는 느린 땅볼만 치고 말았다. 코치는 어떻게 해야 강한 땅볼을 칠 수 있는지 생각해보고 다음에 다시 연습을 하자고 했다. 다음 연습이 되자 대런 펜스터는 야수의 글러브 앞에서 바운드가 되는 비교적 강한 땅볼 타구를 쳐냈다. 하지만 빌 슬랙 코치는 땅볼을 쳐야 한다는 과제에 조금도 변화를 주지 않았다. 그가 계속해서 강한 땅볼 타구를 쳐도 "오케이. 우리가 좋은 방향으로 가고 있는 것 같다. 계속 그렇게 쳐봐."라고만 할뿐 다른 지시는 일절 하지 않았다.

빨리 슬럼프에서 벗어나고 싶어 조바심이 나 있던 대런 펜스터는 다음 연습의 첫 타석에서 땅볼 타구를 쳐야 한다는 빌 슬랙 코치의 주문을 무시하고 라인드라이브 타구를 쳤다. 그 다음 타구는 내야를 벗어나 좌익수까지 쭉쭉 뻗어 날아갔다. 그는 '바로 이거야!' 하는 마음에 흥분을 감출 수 없었다. 하지만 빌 슬랙 코치는 함께 기뻐하는 게 아니라 정색을 하며 말했다.

"이봐. 너는 지금 우리가 하는 연습을 잘못 이해하고 있는 것 같다. 우리 지금 땅볼 치는 연습을 하고 있잖아. 시키는 대로 안 할 거면 그만 하자."

대런 펜스터는 이제야 뭔가 될 거 같은데 자꾸 땅볼을 치라고 하는 빌 슬랙 코치의 말을 이해하기 어려웠다. 그래도 코치의 말을 믿고 계속 하기로 했다. 빌 슬랙 코치는 유격수의 이빨을 부러뜨린다는 생각으로 강한 땅볼을 치라고 또 요구했다. 하지만 타구는 유격수에게 예쁜 라인드라이브로 날아갔다. 빌 슬랙 코치는 짜증을 내면서 머리를 좌우로 흔들었다. 땅볼을 치라는 주문을 또 반복했다. 하지만 다음 타구 역시 유격수 머리 위를 빠르게 지나가는 라인드라이브였다. '아. 또 혼나겠구나.' 하는 생각을 하고 있을 때 배팅볼을 던져주던 빌 슬랙 코치는 공을 바구니에 담으면서 연습을 끝냈다. 그러면서 연습이 어땠는지 물었다.

"땅볼을 치려고 했는데 잘 안 됐습니다."

빌 슬랙 코치는 미소와 윙크를 보내면서 대런 펜스터의 엉덩이를 툭 쳐주었다. 스윙과 타격에 대해 특별한 이야기를 하지도 않았다. 하지만 대런 펜스터는 그 순간 머릿속에 있는 전구가 환하게 켜진 느낌이 들었다. 그 후로 그는 지겨웠던 슬럼프에서 빠져나오며 좋은 성적을 거두기 시작했다. 대런 펜스터는 타격 코치도 해결하지 못한 나의 문제를 어떻게 투수 코치가 해결했을까 하는 궁금증이 생기기는 했지만 당시에는 슬럼프에서 빠져나오는 게 너무나도 절박했기 때문에 빌 슬락 코치에게 별로 고마움을 느끼지 못했다. 그저 우연으로 여기고 잊고 살았다. 그러다가 그는 코치로서 어려움을 겪고 있는 선수들을 보며 빌 슬락 코치가 자신에게 했던 접근법을 떠올렸다. 그와 함께 연습을 하며 보낸 시간의 의미를 곱씹어 보았다.

대런 펜스터 코치는 2018년에 미국야구코치협회 컨벤션의 유소년 세션에서 이 에피소드를 소개하며 자신이 빌 슬락 코치로부터 배운 교훈을 이야기했다. 그는 좋은 동작을 반복하는 연습만이 선수의 성장으로 연결되는 것은 아니며 때로는 잘못된 동작을 분명하게 인지하는 것이 움직임을 교정하는 효과적인 수단이 될 수 있다고 이야기했다. 그래서 그는 어떤 연습을 하든 선수가 실패를 경험할 수 있도록 연습 프로그램을 계획한다고 한다. 그리고 투수 코치가 자신을 땅볼 지옥에서 구원해 주었듯이 선수가 다른 코치로부터도 필요한 도움을 받을 수 있도록 오픈 마인드를 가져야 한다는 점을 강조했다.

대런 펜스터 코치는 오프 시즌이 되면 7~9살 아이들을 가르치기 위해 자원봉사를 다닌다. 계속 같은 연령대의 선수들과 지내다 보면 사고 방식이나 사용하는 언어가 매너리즘에 빠지기 쉽기 때문이다. 심리적 안전지대에서 벗어나기 위해 일부러 나이 어린 선수들을 코칭하는 시간을 보내는 것이다. 같은 개념이라도 어린 선수를 이해시키려면 가르치는 방식이나 전달하는 말에 변화를 주어야 한다. 벗어남을 통해 채우는 작업. 우리가 이따금씩 떠나는 여행을 통해 자신의 삶을 재발견하는 과정과 닮았다.[36]

---

36 2018년 미국야구코치협회 컨벤션에서 보스턴 레드삭스 코치였던 마이애미 대학의 대런 펜스터 코치가 자신의 강연 'Embracing Each Athlete's Individuality'에서 소개한 에피소드를 정리한 내용. 대런 펜스터 코치는 2000년 도쿄올림픽 미국 대표팀의 코치로 참여하기도 했다.

7장

좋아! 아니지!

잭 브리튼은 양키스와 볼티모어에서 마무리 투수로 활동하며 싱커라는 구종 하나로 메이저리그 마운드를 지배했던 선수다. 브리튼이 싱커를 개발한 에피소드가 나에게는 무척 흥미롭게 다가왔다.

코치의 세심한 관찰로 탄생한 마구

그는 원래 싱커가 아닌 커터를 개발하기 위해 불펜 피칭을 하고 있었다. 볼티모어 오리올스 마이너리그 싱글A팀의 케빈 마두로 피칭 코치는 브리튼이 던지는 모습을 옆에서 지켜보고 있었다. 그는 브리튼이 던지는 공의 움직임에서 이상한 현상을 발견했다. 브리튼이 연습한다고 말한 구종은 커터였는데 자신이 볼 때 공은 싱커처럼 움직이며 포수 미트로 들어왔다. 마두로 코치는 브리튼에게 다가가 무슨 연습을 하고 있는지를 물었다.

"커터를 연습하고 있어요."

"이건 커터의 움직임이 아닌데? 근데 말이야. 계속 연습해 봐."

마두로 코치는 공이 커터처럼 들어오지 않으니 다른 방법으로 공을 던져보라고 조언하지 않았다. 대신 브리튼이 던진 공의 움직임 자체에 주목했다. 브리튼이 던진 공이 특별한 움직임을 가지고 있다는 사실을 간파했고, 그 사실을 모르고 있던 선수에게 알려주었다. 만약 마두로 코치가 오로지 '브리튼은 커터를 완성해야 해'라는 생각만으로 불펜 피칭을 보고 있었다면 그 공의 움직임을 '특별하다'고 여기기보다 '잘못되었다'고 판단했을지도 모른다. 결국 한 시대를 풍미했던 잭 브리튼의 싱커는 코치의 판단하지 않는 태도와 세심한 관찰로 탄생한 셈이다.

코치의 세심한 관찰이 선수의 커리어를 송두리째 바꾼 또 하나의 사례가 있다. 2023년에 다저스의 투수로 메이저리그에 데뷔한 에밋 쉬핸은 보스턴 컬리지에서 ERA가 8이 넘을 정도로 어려움을 겪고 있었다. 보스턴 컬리지의 알렉스 트레자 코치는 쉬핸이 캐치볼을 하는 모습을 유심히 지켜보다가 특이한 점을 발견했다. 쉬핸이 평소에 마운드에서 공을 던질 때와는 달리 롱토스를 할 때는 팔각도가 낮아졌는데, 마운드에서의 공보다 움직임이 더 좋게 느껴졌다. 트레자 코치는 쉬핸에게 마운드에서도 그렇게 팔을 조금 낮춰서 던져보라고 권했다. 코치가 추천한 팔각도로 공을 던지기 시작하자 쉬핸은 구속도 오르고 이전과는 완전히 다른 투수로 변신했다. 낮은 팔각도에서 높은 수직무브먼트를 가지고 날아가는 그의 패스트볼은 메이저리그 타자들도 쉽게 건드리지 못하는 최고의 무기가 되었다.

마두로 코치와 트레자 코치의 사례에서 볼 수 있듯 뛰어난 관찰 능력을 가진 코치는 선수에게서 미묘한 변화의 단서를 포착한다. 인간의 마음은 쉽게 결론을 내리고 판단하려는 경향이 있다. 뇌가 에너지를 효율적으로 사용하기 위해 작동하는 방식이기도 하다. 우리가 마주하는 모든 현상들을 처음 보는 것처럼 뇌가 작동하면 뇌는 정보를 받아들이고 해석하는데 엄청난 에너지를 쓰게 된다. 그래서 뇌는 경험과 기억에 비추어 감각 기관을 통해 들어오는 정보를 빠르게 판단하는 때가 많다. 많은 경우에 그런 판단은 나쁘지 않은 결과로 이어진다.

인류는 오랜 원시 수렵 사회를 지나오며 이렇게 빠르게 판단하는 뇌의 기능을 발전시켰다. 저 멀리 정체를 알 수 없는 야생동물이 보인다. 나를 공격하기 위해 다가오는 맹수인지, 내가 잡아먹을 수 있는 생명체인지 어렴풋이 보아서는 알 수가 없다. 이럴 때 순수한 호기심으로 다가오는 대상을 관찰하려는(!) 인간은 맹수의 먹이가 되었을 것이다. 이런 기억들이 세대를 거쳐 전해 내려오며 생존을 어느 무엇보다 중시하는 인간의 뇌에는 일부 정보만을 가지고 빠르게 판단하는 메커니즘이 세팅되었다. 그러기에 판단하지 않는 마음으로 선수를 관찰하는 행동은 어느 정도 인간의 본능을 거스르는 작업이다. 관찰 능력을 키우겠다는 의도를 가지고 연습을 하지 않으면 코치는 빠르게 판단해 버리는 뇌의 강력한 작동 방식에 끌려다니기 쉽다.

널리 알려진 인지 테스트가 있다. 아래에 있는 QR 코드를 찍고 1분 정도 걸리는 테스트를 먼저 해보자. 아주 간단한 테스트다. 하얀 옷을 입은 사람들이 공을 몇 번 패스하는지를 세면 된다. (테스트를 꼭 하고 계속 읽어 주길 바란다.)

 하얀 옷을 입은 사람들이 공을 몇 번 패스하는지 세면 된다.

영상을 끝까지 보았다면 이 테스트가 단순히 화면에 집중해서 숫자를 정확히 세는 집중력 테스트가 아님을 눈치챘을 것이다. 영상에서는 패스의 숫자를 세는 동안 곰 모양의 옷을 입은 사람이 지나간다. 하지만 거의 대부분의 사람들은 곰의 존재를 인식조차 하지 못한다. 나는 이 영상을 강연이나 개인적인 대화 자리에서 여러 차례 소개한 적이 있다. 단 한 명도 곰이 지나가는 모습을 인지하지 못했다. 영상을 다시 본 후에는 다들 어이가 없어서 웃음을 터뜨렸다. 하얀 옷을 입은 사람들이 패스를 몇 번 하는지 세느라 커다란 곰이 느릿느릿 지나가도 알아차리지 못한 것이다. 심지어 지나가며 마이클 잭슨의 문워크 춤까지 추고 있었는데도!

이렇듯 우리는 어떤 의도나 목적을 가지고 무언가를 볼 때 있는 그대로를 보질 못한다. 그러기에 제대로 관찰을 하기 위해서는 내가 갖고 있는 의도를 내려놓는 작업이 먼저 이루어져야 한다. 매일 선수들의 연습과 경기를 보고 있지만 제대로 관찰을 하고 있는 상태가 아닐 수 있다. 실제로는 코치 자신의 기대나 믿음에 비추어 선수를 보고 있을 수 있다. 인도의 철학자 크리슈나무르티는 '평가가 들어가지 않은 관찰은 인간 지성의 최고 형태'라는 말을 했다. 높은 수준의 관찰은 인간이 생산해낸 다른 어떤 지식이나 기술만큼이나 학습과 수련이 필요한 기술이라는 의미가 담겨 있다.

관찰의 적은 안다는 생각

관찰을 잘 하려면 상당한 수준의 의도적인 노력이 개입되어야 한다는 사실을 나는 매번 책을 낼 때마다 실감한다. 책을 만드는 사람으로서 나를 괴롭히는 과제 중 하나는 오타와 띄어쓰기 오류를 찾는 일이다. 몇 번을 되돌려가며 확인해도 어딘가에 숨어있다가 기어나오는 바퀴벌레처럼 오타는 사라지지 않는다. 그래서 교정교열 전문가들은 종종 뒤에서부터 거꾸로 읽으며 틀린 글자를 찾아낸다고 한다. 그냥 늘 읽던 대로 읽으면 뇌가 글자가 아니라 '의미'를 먼저 읽어내기 때문이다.

이렇듯 우리의 뇌는 안다고 생각하는 것 내지는 익숙하다고 결론을 내린 것에는 생생한 주의를 보내지 않는다. 그러므로 익숙한 대상을 새로운 관점으로 관찰하길 원한다면 내면의 상태를 다른 모드로 전환시킬 필요가 있다. 그런 맥락에서 어떤 코치들은 영상을 거꾸로 돌리면서 선수의 동작을 관찰하기도 한다. 미국의 피칭

이론가이며 코치인 폴 나이먼은 'Backward Chaining' 이라고 해서 발로부터 시작해 손에서 끝나는 일반적인 키네틱 체인(운동사슬)의 순서가 아닌 손에서 발로 거꾸로 이어지는 순서로 피칭 동작을 관찰하는 방식을 선호한다. 거꾸로 돌려보면 원래의 정상적인 순서대로 봤을 때는 발견할 수 없었던 포인트를 발견하는 경우가 많다고 한다.

보는 관점이 달라지면 관찰의 내용도 달라진다. 네바다대학 야구팀의 제이크 맥킨리 감독은 드론을 경기장 위에 띄어 놓고 선수들의 연습을 촬영한다. 선수의 에너지 수준 등 평면적인 시각에서는 볼 수 없는 것들을 알게 된다고 그는 동료 코치들에게 드론 사용을 적극적으로 추천한다.

한두 가지 질문을 붙잡고 선수를 보는 것도 좋은 관찰을 위한 유용한 방법이다. 지바 롯데 마린스의 요시이마사토 감독은 신인 선수가 들어오면 한 동안은 특별한 지도를 하지 않는다. 어떤 선수인지 관찰하면서 선수를 이해하는 것이 가르치기 전에 해야 할 일이라고 생각하기 때문이다. 순수한 관찰 모드로부터 마음이 벗어나지 않도록 하기 위해 그는 몇 가지 질문을 먼저 스스로에게 던진다. 질문에 대한 답을 찾는 과정이라 여기면서 선수의 연습이나 경기를 지켜본다.

'이 선수의 강점은 뭐지?'

'지금 무슨 연습을 하고 있지?'

그냥 '잘 관찰해야지' 하는 생각만으로는 오히려 선수의 단점만 보게 될 위험이 있기 때문에 요시이 감독은 초점이 분명한 질문을 이용해 자신의 주의력을 컨트롤한다. 경험이 많은 코치들은 이렇게 마음 속에 정리한 체크리스트에 답을 하면서 선수를 관찰할 수 있지만, 경험이 부족한 코치들은 자꾸만 자신의 생각 속으로 빠져들어가며 처음에 다짐했던 순수한 관찰의 의도를 자주 놓치게 된다. 그래서 많은 코치들이 효과적인 관찰을 위한 보조 도구로 차트를 사용하기도 한다.

코치의 관점을 바꿔주는 장점 차트

문제가 있는 동작을 바로잡아 주고, 부족한 기술을 채워주었다는 '성취감'을 대부분의 코치들은 원한다. 교사나 코치처럼 가르치는 자리에 있는 사람에게 일어나는 자연스러운 마음의 작용이다. 선수뿐만 아니라 코치에게도 일을 해나가기 위한 동기부여는 필요하다. 그런

면에서 선수가 변화하고 발전하는 모습을 보며 얻는 만족감과 성취감은 코치가 열정을 가지고 매일 경기장에 나오도록 하는 에너지가 된다. 하지만 그런 맥락에서만 만족감을 찾게 되면 뜻하지 않은 위험과 만나게 된다. 자신도 모르게 선수의 장점보다 단점에만 눈이 머무는 위험이다.

"저것만 고치면 돼!'

나는 평소 친하게 지내는 Y코치로부터 코치들이 자주 하는 이 말이 착각일 가능성이 높다는 이야기를 들은 적이 있다. 나는 Y코치와 중학교에서 코치 생활을 막 시작한 분과 함께 코치가 갖추어야 할 마인드셋을 주제로 대화를 나눈 적이 있다. 코치가 선수를 관찰할 때 어떤 점을 주의해야 하는지 묻는 새내기 코치의 질문에 Y코치는 "저것만 고치면 돼!"라는 생각을 조심하면 좋겠다고 당부했다. 코치가 생각하는 단점이 어쩌면 그 선수의 잠재력을 품고 있는 장점과 연결되어 있을지도 모르기 때문에 단점을 고쳐나가는 과정에서 장점마저 사라지는 위험을 사려깊게 따져봐야 한다고 조언해 주었다.

개성을 강조하는 시대적인 요구 때문인지 요즘은 선수의 장점을 먼저 보려고 노력하는 코치들이 많다. 하지만 부족한 점을 찾는 오랜 습관으로 인해 장점을 보려는 처음의 의도는 어느새 사라지고 문제에만 집중하게 되더라고 고백하는 분들이 많았다. 코칭의 핵심 기술인 '관찰' 역시 다른 운동기술과 마찬가지로 반복과 연습을 통해 발전하는 기술이다. 나는 그런 코치분들에게 스포츠코칭 교육기관인 'Positive Coaching Alliance'에서 제안하는 도구를 소개해 주곤 한다[37].

다짐이나 결심보다 구체적인 도구가 실천을 효과적으로 이끄는 경우가 많다. 'Positive Coaching Alliance'에서는 코치의 관찰을 도와주는 수단으로 '장점 차트'를 소개한다. 특별한 형식은 없다. 경기의 내용을 기록하듯 선수의 장점에 집중하며 적어 나가면 된다. 개념은 무척 단순하지만 그 효과는 의외로 강력하다.

"공격에서 수비로 전환될 때 백코트를 빨리 한다."

"연습한 기술을 과감하게 경기에서 시도한다."

"실수를 한 동료 선수에게 다가가 등을 두드려 준다."

꼭 경기와 관련된 내용이 아니라도 좋다. 도구 정리를 앞장서서 한다거나 벤치에서 열정적으로 응원하는

---

37   홈페이지 주소 https://positivecoach.org/

날짜 :　　　년　　월　　일　　　장소 :

선수 이름 :	선수 이름 :
장점 ○ ○ ○	장점 ○ ○ ○
선수 이름 :	선수 이름 :
장점 ○ ○ ○	장점 ○ ○ ○

모습 등 팀워크와 관련된 행동도 장점 차트에 적는다.

주의해야 할 점은 어떤 선수도 소외감을 느끼지 않도록

모든 선수에 대해 3~4가지를 고르게 기록해야 한다는 점이다. 그렇게 기록을 하고 나서 경기가 끝나거나 다음 연습을 시작하기 전에 선수들과 공유하는 시간을 가진다. 연습을 하고 있는 선수에게 다가가 장점으로 적은 내용을 슬쩍 말해주기도 한다. "왼손 레이업 연습 열심히 하더니 지난 번 경기에서 제대로 보여주더라?" 선수는 자신이 잘 하고 있는 것에 관심을 기울여 주는 지도자의 말에 힘을 얻게 된다. 연습과 경기에 참여하는 에너지 수준이 자연스럽게 높아질 수밖에 없다.

나는 코칭언어스터디에 참여했던 몇몇 코치분들께 일주일 정도만 장점 차트를 사용해 보고 피드백을 해달라고 부탁을 했다. 코치들의 반응은 대체로 비슷했다. 어떤 코치는 '솔직히 몇몇 선수는 적을 게 없어서 괴로웠다!'고 솔직한 소감을 들려주었다. 하지만 적은 내용을 선수와 나누었을 때 반응이 부정적이었다고 말하는 코치는 한 명도 없었다. 선수와 대화를 하고 싶어도 무슨 대화를 해야 할 지 막막할 때가 있는데 그럴 때마다 장점 차트를 적어야겠다고 말한 코치도 있었다.

의도적으로 선수의 장점을 보려고 할 때 코치의 마음에 일어나는 변화와 관련해 내가 가장 좋아하는 이야기는 스탠포드대학 여자테니스팀 코치였던 프랭크 브레넌의 일화다. 어느 날인가 브레넌 코치가 연습을 지켜보기 위해 테니스 코트로 들어서는데 모든 선수들의 플레이가 엉망이었다고 한다. 브레넌 코치는 이대로 코트로 들어가면 선수들에게 화를 내고 잔소리만 할 것 같아서 잠시 마음을 추스르고 선수가 잘하고 있는 것을 먼저 보자고 생각했다. 먼저 1번 코트로 가서 연습을 하는 선수들을 유심히 관찰하며 긍정적인 면을 찾았다. 잘 하고 있다고 관찰한 내용을 선수들에게 말해주고는 2번 코트로 자리를 옮겼다. 거기서도 똑같이 무엇을 잘하고 있는지에 집중해서 연습을 관찰하고 선수들에게 말해주었다. 마지막 코트까지 그런 과정을 반복하고 다시 1번 코트로 돌아오자 선수들의 플레이는 완전히 달라져 있었다. 자신이 처음에 엉망이라고 판단했던 모습이 모두 자취를 감춘 것을 보고 크게 놀랐다고 브레넌 코치는 말했다[38]. 나는 브레넌 코치의 이야기를 접하며 궁금해졌다. 과연 무엇이 변한 것일까? 엉망이었던 선수들이 코치로부터 잘하고

---

[38] Jim Thompson 『The Power of Double Goal Coaching』에 소개된 에피소드

있는 것을 듣고 난 후에 변화가 일어난 것일까? 아니면 선수는 그대로였는데 연습을 바라보는 코치의 무언가가 변한 것일까?

기대를 하면 야단을 치고 싶어진다

그렇다면 기대하는 마음으로 연습을 바라보는 코치와 판단하지 않는 마음으로 오로지 관찰에 몰두하는 코치는 선수의 연습에 어떤 차이를 만들게 될까?

"좋아!"

"바로 그거야."

"아니지."

어떤 연습이나 드릴을 하고 있는 선수에게서 자신이 원하는 모습이 나올 때 코치들이 자주 하는 말이다. 코치가 기대한 결과가 나오면 "좋아!" "오케이!"와 같은 긍정의 멘트로 만족감을 표현한다. 기대한 결과가 나오지 않으면 굳은 표정과 함께 "아니지!" 하는 부정의 멘트로 반응한다. 선수는 코치가 좋아하는 반응에 안도하고, 불만과 아쉬움을 드러내는 반응에 불안해하고 긴장한다.

어떤 일이 벌어지는지 담담히 지켜보는 마음과 원하는 결과를 기대하는 마음은 큰 차이가 있다. 이는 과학적인 사고와도 연결된다. 과학이 스포츠 코칭에 전방위적으로 스며들고 있는 시대다. 과학기술의 발달로 선수의 퍼포먼스를 측정하고 분석하는 기법들이 종목을 불문하고 선수육성 프로세스 곳곳에 퍼지고 있다. 어쩐지 과학적인 지식이나 장비를 제대로 다루지 못하면 시대에 뒤떨어진 코치 취급을 받기 십상이다. 그런데 과학을 스포츠 코칭과 연결하는 작업은 지식이나 장비 이전에 과학적 사고방식에 대한 이해로부터 시작된다. 나는 그 출발점이 바로 기대나 판단 없이 선수를 관찰하는 일이라고 생각한다.

가설을 세우고, 실험을 하고, 결과를 확인한다. 과학 실험의 기본적인 프로세스다. 과정 자체는 무척이나 단순하다. 초등학교 과학 교과서에 소개되고 있는 내용이다. 예를 들면 '빨간색과 파란색 물감을 합치면 무슨 색이 될까?' 하는 호기심을 가지고 두 가지 색의 물감을 섞어보기로 한다. 어떤 색으로 바뀌는지를 관찰하니 보라색으로 변한다. 여기에는 실험을 하는 사람의 주관적인 생각이나 기대가 개입할 여지가 없다. '빨간색과 파란색이 합쳐져서 노란색이 되면 좋겠다.' 이런 기대를 가지고 실험을 지켜보지 않는다. 그저 벌어지고 있는 일을 있는 그대로 관찰할 뿐이다.

과학 실험실에서 경기장으로 화면을 바꿔보자. 코치가 선수의 연습을 계획하고 준비하고 있다. 부족한 점을 채우기 위한 연습일 수도 있고, 기존의 장점을 극대화하기 위한 연습일 수도 있다. 선수와 대화를 나누며 연습의 방향과 구체적인 목적을 정한다. 필요하다고 판단한 드릴을 몇 개 선택하고 선수가 연습하는 모습을 지켜본다. 서로 다른 색의 물감이 합쳐지면 어떤 색이 나오는지 가만히 지켜보듯 코치는 연습을 하는 선수에게서 무슨 일이 일어나는지 최대한 객관적으로 관찰하는데 집중한다. 지금 하고 있는 드릴을 통해 기술이 크게 발전한 다른 선수의 사례가 있지만 과거의 성공에 빗대어 지금의 연습을 바라보는 것을 경계한다. 변화는 하루아침에 일어나지 않는다는 사실을 잊지 않으려 노력하면서 일단은 무슨 일이 일어나고 있는지를 충분히 관찰하는데 신경쓴다. 역시나 같은 드릴이라도 선수마다 다른 반응을 보인다는 사실을 코치는 확인한다.

반면 마음이 기대로 가득 찬 상태에서 선수의 연습을 바라보는 코치의 내면에는 다른 세상이 펼쳐진다. 코치에게는 자신이 준비한 교습과 드릴을 통해 선수가 바꿔

길 바라는 모습이 선명하게 그려져 있다. 그렇기 때문에 선수가 자신이 생각하는 바람직한 자세나 동작을 제대로 표현하고 있는지를 집중해서 본다. 원하는 결과에 가까우면 "좋아!" 하면서 박수를 보내고, 원하는 모습이 나타나지 않으면 "아니지!" 하면서 아쉬워한다. 기대라는 동전의 반대편에는 실망이 자리잡고 있다. 기대가 충족되지 않을 때 일어나는 실망이 하나 둘 쌓이면서, 처음에는 작은 파도에 불과했던 실망의 감정은 이내 분노로 바뀐다. 말과 행동이 자신도 모르는 사이에 거칠어진다. 선수는 어느 순간부터 연습 자체가 아니라 코치의 변하는 얼굴에 더 신경을 쓰게 된다.

80년대 일본 프로야구 난카이 호크스를 대표하는 강타자였던 사사키 마코토씨는 소프트뱅크 호크스 3군 감독이던 시절에 이와 관련해 인상깊은 말을 남겼다[39]. 마코토 코치는 기대를 하면 야단을 치고 싶어지기 때문에 기대를 하지 않는 것이 코치의 역할을 수행하는 데 중요한 요령이라고 말했다. 선수에게 아무런 기대도 하지 말

---

39 Number Web 2017년 5월 25일 기사 'ホークス三軍監督に就任の元スター。佐々木誠は原石に「期待しない」'?

라고? 그렇게 선수에게 무관심해도 되는 건가? 나는 이 글을 읽는 분들이 기대 없이 선수를 관찰한다는 말을 충분히 오해할 만하다고 생각한다.

선수가 결국은 잠재력을 드러낼 거라는 기대, 미래는 현재보다 나아질 거라는 기대를 내려놓자는 의미가 아니다. 그보다는 코치가 정한 기준으로 선수를 가두지 않는다는 의미에 더 가깝다. 선수의 변화는 내가 원하는 타이밍에, 내가 원하는 방식으로 나타나지 않는다는 점을 마음 깊숙이 받아들이는 태도다. 선수는 자신만의 속도로 빛나는 순간을 만들어 나간다는 믿음을 잃지 않기 위한 방편으로 선수의 연습을 '기대하지 않는' 마음으로 지켜보는 것이다.

"시간이 흐르면서 예술 작품을 감상하는 나만의 방식을 갖추게 됐다. 우선 작품에서 교과서를 쓰는 사람들이 솔깃해할 만한 대단한 특이점을 곧바로 찾아내고 싶은 유혹을 떨쳐낸다. 뚜렷한 특징들을 찾는 데 정신을 팔면 작품의 나머지 대부분을 무시하기 십상이다. 프란시스코 데 고야가 그린 초상화가 아름다운 까닭은 그의 천재성을 반영한 특징들 때문이기도 하지만 색채와 형태, 인물의 얼굴, 물결처럼 굼실거리는 머리카락 등이 아름

2016년 여름에 소프트뱅크 3군 선수들이 한국 프로팀과의 교류전을 위해 방문한 적이 있다. 서영원씨의 도움으로 고양에서 열린 다이노스 퓨처스 팀과의 경기를 관람하기 전에 당시 감독이었던 사사키 마코토 감독과 이야기를 나눌 수 있었다. 그는 많은 코치들이 있기 때문에 감독은 의외로 할 일이 없다고 웃으면서 말했다. 야구의 세계에 명감독이나 명코치는 없다고 생각하며, 그러기에 한 명의 코치에게만 배우는 것은 선수에게 별로 바람직하지 않다고 했다. 그가 사람 좋은 미소와 함께 툭툭 전하는 멘트에는 묵직한 메시지가 숨어 있었다.

답기 때문이기도 하다. 다시 말해 이 다양하고 매력적인 세상의 속성들이 훌륭한 표현 수단 안에 모아졌기 때문이다. 어느 예술과의 만남에서든 첫 단계에는 아무것도 하지 않아야 한다. 그저 지켜봐야 한다. 자신의 눈에게 작품의 모든 것을 흡수할 기회를 주는 것이다. '이건 좋다.' '이건 나쁘다' 또는 '이건 가, 나, 다를 의미하는 바로크 시대 그림이다'라고 판단해서는 안 된다. 이상적으

얼마 전 방문했던 뉴욕 메트로폴리탄 미술관. 그림을 보며 마음이 평온해지는
경험을 하면서 나이듦을 실감했다.

로는 처음 1분 동안은 아무런 생각도 해선 안 된다. 예술이 우리에게 힘을 발휘하기까지는 시간이 필요하다."

패트릭 브링리의 책『나는 메트로폴리탄 미술관의 경비원입니다』에 나오는 구절이다. 뉴욕의 메트로폴리탄 미술관에서 경비원으로 일하며 저자는 예술품을 감상하는 자신만의 방식을 이렇게 표현하고 있다. 때로는 우리 선수들을 이런 시선으로 바라보면 어떨까? 한 명 한 명이 예술 작품이라는 생각으로. 특별한 무언가를 찾으려는 마음 없이. 선수의 모든 것을 눈에 담는다는 마음으로.

코치의 미안하다는 말

두산 베어스에 인스트럭터로 오신 구보 야스오 코치가 선수들에게 미안하다고 말하는 장면을 구단 유튜브를 통해 보았다[40]. 야스오 코치는 선수들의 타격에서 불만족스러운 부분이 있었는데 경기 전에 명확하게 지침을 주지 않은 자신의 탓으로 돌리며 선수들에게 사과했다. 선수의 부족함을 코치인 자신의 문제로 삼는 태도, 그리고 마음을 담아 진솔한 사과의 메시지를 전달하는 모습이 인상적이었다.

우리 사회는 전반적으로 사과에 인색하다. 특히 상사가 부하 직원에게, 부모가 자녀에게, 코치가 선수에게 미안하다고 말하는 모습을 좀처럼 보기가 어렵다. 불미스러운 일이 일어났을 때 문제의 해결보다는 처벌을 우선시하는 관행, 실수에 관용적이지 않은 사회 분위기가 미안하다는 말을 꺼내기 어렵게 만들고 있지 않나 생각한다.

---

[40] BEARS TV 유튜브 "미안합니다" 갑작스런 구보 야스오 인스트럭터의 사과!? SSG 랜더스 연습경기 뒷 이야기!

미국 LA에서 The Ball Park 아카데미를 운영하고 있는 최원제 코치는 우리나라에도 널리 알려진 베테랑 타격 코치인 덕 래타와 함께 연습을 하며 '미안하다'는 말을 자주 들었다고 한다. 자신이 코치의 말을 제대로 이해하지 못했거나 원하는 동작이 나오질 않아 헤매고 있으면 덕 래타 코치는 자신을 다그치는 것이 아니라 제대로 설명을 못해주어서 미안하다는 말을 자주 했다고 한다. 최원제 코치는 덕 래타 코치가 미안하다고 말을 할 때마다 그의 책임감을 느낄 수 있었고 코치의 말을 더욱 신뢰하게 되는 계기가 되었다고 한다.

 LA에서 진행했던 덕 래타 코치 인터뷰

프로야구팀의 K코치와 이야기를 나누다가 선수에게 사과한 에피소드를 들은 적이 있다. 어느 날인가 경기가 시작되기 전부터 K코치는 몸 상태가 좋지 않았다. 그런 날은 선수들이 다가와 말을 거는 게 부담스러울 수밖에 없다. 그러다가 K코치는 결국 자신의 도움을 받고 싶어 다가온 선수에게 화를 내는 실수를 하고 만다. 코치로부터 피드백을 받기 위해 찾아온 선수는 평소 스스럼없이 대화를 나누던 K코치가

2021년 여름에 최원제 코치의 도움으로 덕 래타 코치와 만나 이야기를 나눌 수 있었다. 나는 그의 이야기를 들으면서 한 편의 오래된 고전을 읽는 듯한 기분이 들었다. 그는 야구를 통해 삶을 코칭하는 사람이었다.

자신을 언짢은 표정으로 상대하니 당황할 수밖에 없었다. K 코치는 마음을 추스리고 보니 자신이 한 행동이 너무 부끄러웠다. 그래서 경기가 끝나고 선수에게 찾아갔다. 자초지종을 설명하고 미안하다는 말을 건넸다고 K코치는 웃으며 이야기했다.

자신의 잘못을 인정하고 진솔한 태도로 미안하다는 의사표현을 하는 것은 공동체를 살아가는 사람으로서 마땅히 갖추어야 할 태도다. 우리는 누구나 이따금씩 감정에 휩싸여 주변에 상처가 주는 말과 행동을 저지르곤 한다. 특히 가까운 사이일 수록 그렇다. 때로는 잘 하려고, 도움을 주려고 했던 일이 좋은 뜻과는 반대로 피해를 주는 결과로 나타날 때도 있다. 하지만 인정과 사과를 경험을 통해 배우지 못한 사람이 그것을 실천하기는 생각만큼 쉽지 않다.

교육학자이며 사회학자인 알피 콘 박사는 사과가 중요한 이유는 부모 대부분이 사과를 하지 않기 때문이라며 최소한 한 달에 두 번은 아이에게 반드시 사과하자는 재밌는 제안을 한다. 왜 한 달에 두 번인지는 자신도 모르고 그 정도가 적절해 보인다는 그의 솔직한 고백이 재미있다. 나는 알피 콘 박사의 책 『자녀 교육 사랑을 이용하지 마라』에 적혀 있는 이 구절을 접하고 고개를 끄덕였다. 나는 얼마나 자주 미안하다는 말을 하며 살고 있나 돌아보았다. 분명 잘못을 하는 횟수만큼 사과를 하고 있어 보이지는 않았다. 나에게는 한 달에 두 번이 아니라 일주일에 두 번이 적절해 보였다.

"아까는 내가 경기 내용이 맘에 들지 않아 지나치게 화를 냈다. 다들 미안해."

"내가 경기 플랜을 엉뚱하게 짜서 상대의 전술에 제대로 대응하지 못했다. 너희들한테 정말 미안하다."

코치가 미안하다고 말하는 모습을 접하는 선수들은 미안하다고 말하는 것이 어떤 의미를 갖는지 생생한 체험과 본

보기로서 배우게 된다. 백문이 불여일견(百聞不如一見), 눈으로 직접 보는 것만큼 좋은 학습은 없다. 고의든 실수든 잘못을 저질렀다면 그것을 인정하고 더 나아지기 위해 노력하면 된다는 것을 선수는 배우게 된다. 이런 배움은 경기장 안에서 벌어지는 플레이에도 긍정적인 영향을 주지 않을까 나는 추측해본다. 스포츠는 실수와 실패로 가득찬 세상이기 때문이다.

8장

너의 이름은?

토우업(Toe Up), 지그재그(Zig Zag), 워크더라인(Walk The Line), 스트래치&캐치(Stretch&Catch)

샌프란시스코 자이언츠의 카이 코레아 필드 코디네이터는 남다른 선수 육성 방식으로 최근 메이저리그에서 큰 주목을 받는 코치 중 한 명이다. 코레아 코치는 위에 나열한 것처럼 드릴에 하나하나 이름을 붙여 구분하는 작업을 중요하게 생각한다. 그는 이렇게 머릿속에 저장하고 있는 드릴을 저마다의 이름으로 나누고 체계적으로 분류를 해놓아야 선수에게 맞는 연습 방법을 효과적으로 디자인할 수 있다고 믿는다.

코레아 코치는 수비 동작을 어떻게 해야 한다는 장황한 설명 대신 '원핸더', '투핸더'로 부르거나 '비즈켈', '린도어' 같이 해당 동작의 달인인 선수의 이름으로 대신한다. 드릴의 이름을 듣자마자 선수는 어떤 동작에 초점을 맞춰 연습을 해야 하는지 직관적으로 알 수 있다.

이름이 붙어있는 드릴을 늘어놓고 코레아 코치는 선수의 현재 상황을 고려하여 최적화된 맞춤형 연습을 구상한다.

여러 교육이나 스터디 모임을 진행하며 코치분들이 특정 동작이나 연습에 대해 설명하는 모습을 많이 보아왔다. 그런데 동작이나 연습을 특정 단어나 문구로 표현하지 못하고 '이거. 이렇게'와 같은 모호한 말로 몸동작을 곁들여 설명하는 경우가 무척 많았다. 오랜 선수 생활과 코칭 경험을 통해 '그것'이 무엇인지는 알고 있지만 말로 명확하게 전달하지는 못하는 코치분들의 모습을 보며 우리 야구와 스포츠계에 선수 육성과 코칭에 관한 콘텐츠가 폭넓게 유통되면서 전문 지식으로 체계화되지 않는 이유가 어쩌면 여기에 있지 않을까 하는 생각이 들었다.

말과 글로 구체적으로 표현하지 못하는 정보는 유통되기가 힘들다. 코치 스스로의 사고 확장도 제한을 받을 수밖에 없다. 카이 코레아 코치는 연습을 최대한 세분화해서 이름을 붙이는 '네이밍(naming)' 작업이 선수의 연습을 다양하고 짜임새 있게 만들어 줄 뿐만 아니라 코치들 사이의 정보교류도 촉진시킨다고 말한다.

체력과 정신력 : 말의 한계에 갇힌 사고

네이밍 작업은 이름 자체보다 이름을 통해 동작이나 연습을 구분하는 일에 본질적인 의미가 있다. 외출을 하기 위해 옷을 차려 입는 과정을 떠올려 보자. 옷장을 열었더니 바지, 셔츠, 외투, 모자가 마구잡이로 섞여 있다. 하나하나 꺼내서 스타일을 맞추어 보려니 시간도 오래 걸리고 여러 옷이 뒤엉켜 있어 어떻게 입어야 할 지 아이디어도 잘 떠오르지 않는다. '에이. 모르겠다. 아무거나 입고 나가자.' 이런 선택으로 이어질 가능성이 크다.

반대로 계절별로, 종류별로 잘 정리되어 있는 옷장을 보며 외출을 준비할 때는 어떨까? 직접 입어보지 않고도 여러 옷들의 조합을 머리로 상상해 볼 수 있다. 오늘 외출에 맞는 스타일을 보다 수월하게 구상할 수 있다. 나누고 분류하는 작업은 새로운 아이디어를 자극하고 사고를 확장시켜 준다. 상황과 맥락에 맞는 최선의 선택을 할 확률이 높아진다.

머릿속에 쌓여 있는 지식이나 아이디어를 끄집어낼 때도 마찬가지다. 구분되지 않은 개념은 구체적인 사고를 가로막는 요인으로 작용한다. 과거에 운동선수라면 일단 무조건 뛰었다. 훈련을 시작하기 전에 뛰었고, 마치고 나서도 뛰었다. 많이 뛰어야 체력이 좋아진다고 여겼기 때문이다. 특히 어릴수록 많이 뛰게 했다. 그래야 기초 체력이 좋아진다고 믿었기 때문이다. 그러다가 미국이나 유럽, 일본 등의 스포츠 선진국에서 운동을 하고 온 선수들, 연수를 받고 온 코치와 연구자들이 나타나기 시작했다. 파워, 순발력, 지구력, 민첩성 등 체력에도 다양한 스펙트럼이 존재한다는 것을 알게 되었다. 그냥 '체력'이라는 이름으로 뭉뚱그려 접근해서는 안 되며 야구에 중요한 체력적인 요소와 축구에 필요한 요소가 따로 있음을 알게 되었다. 어릴 때 발달시키지 않으면 성인이 되어서는 좀처럼 개발하기 힘든 체력적인 요소가 있다는 사실도 알게 되었다. 체력을 세분화해서 이해하는 코치는 같은 런닝 훈련을 하더라도 목적에 맞게 강도와 휴식 시간에 변화를 준다. 하지만 '체력은 런닝'이라는 개념에 갇혀 있는 일부 코치들은 지금도 하염없이 선수들을 달리게 하고 있다.

정신력도 마찬가지다. 경기에서 져도, 실수를 해도 결론은 '정신력이 약해서', '빠져서'였다. 운동선수에게 정신력이라고 하면 대개 '투혼'과 '투지'로 상징되는 인내심 내지는 참고 이겨내는 극기심을 의미했다. 그래서 겨울이면 바닷물에 뛰어 들어갔고 산으로 올라 얼음물을 깨고 고래고래 노래를 불렀다. 몸을 혹사시키며 혹독한 상황을 버텨내는 훈련을 통해 정신력이 길러진다고 믿었다. 그렇게 얻어진 힘이 어떤 종류의 정신력인지는 따져 보지 않았다. 삼성 라이온즈의 왕조 시대를 이끈 류중일 감독은 한 인터뷰에서 선수 시절 체험한 그런 훈련방식이 '쓸모 없었다'고 고백한 적이 있다[41].

정신력도 체력과 마찬가지로 다양한 세부 요소들로 구분할 수 있다. 몸에 아드레날린을 분비시키는 화이팅 넘치는 투쟁심이 요구되는 상황이 분명히 있지만 긴장된 상황에서 흥분과 두려움을 가라앉힐 수 있는 평정심도 선수에게는 중요하다. 팀스포츠를 하는 선수에게는 실수를 한 팀동료에게 따뜻한 연민의 마음을 보내는 일

---

41 2015년 3월 19일 OSEN 기사 '류중일 "1990년 얼음물 입수, 아무 효과 없었다"'

도 정신적인 능력의 일부다. 경기에 따라, 또는 한 경기 안에서도 때로는 강함이, 때로는 부드러움이 모두 요구된다. 월드컵 레전드 이영표씨도 한 인터뷰에서 멘탈의 깊은 의미를 알 필요가 있다며 부상당한 머리에 붕대를 감고 뛰는 것은 정신력의 일부일 뿐 전부는 아니라는 말을 하기도 했다[42]. 그는 경기장 안에서 자신의 감정을 통제하는 것도 멘탈이라고 말하며 멘탈의 다양한 요소에 대해 강조했다.

'정신력'이나 '기본기'처럼 너무 자주 사용하고 익숙해져서 더 이상 그 의미를 따져보려 하지 않는 개념들이 있다. 그 이면에 무엇이 있는지 파고드는 작업이 따라와야 노력이 올바른 방향으로 이루어진다. 어쩌면 지금 하고 있는 일을 분류하고 이름을 붙이는 작업이야말로 과학적 사고의 시작일지도 모른다. 과학이라는 단어의 첫 글자인 한자 과(科)는 어떤 현상을 '나누어서' 본다는 의미를 담고 있다. '이게 전부인가? 그 안에는 무엇이 있을까?' 이런 질문을 품고 탐구를 해온 과학자들의 노력

---

42 일간스포츠 2014년 6월 30일 기사 '이영표, SNS에 "멘탈의 깊은 의미를 알라" 냉정한 글'

으로 문명은 발전해 왔다.

　교사들을 코칭하는 교육 전문가인 더그 레모프 박사는 다른 교사들보다 학생들의 학업 성취도를 효과적으로 끌어올리는 최고의 교사들이 어떤 방식으로 수업을 진행하는지를 연구했다[43]. 피드백을 제공하는 남다른 방식 등 탁월한 교사들이 보여주는 여러 공통점이 있었는데 그 중 하나가 네이밍이었다. 최고의 교사들 중에는 자신이 하는 수업을 세분화해서 각 단계마다 구체적으로 이름을 붙이는 작업을 하는 교사가 많았다. '동일한 주어를 가지고 혼합문을 만드는 5단계', '위대한 문학을 감상하는 6가지 방법' 더그 레모프는 이런 방식으로 수업을 단계별로 나눠 이름을 붙이는 뛰어난 교사들의 작업이 마치 잘 정돈된 요리법 같다고 표현했다. 학생들은 교사로부터 들은 이야기를 금방 잊어버리더라도 이름이 붙여진 단계들을 따라 복습을 하며 해당 내용을 보다 쉽게 떠올리며 기억에 저장하게 된다. 각 단계별로 자신만의 아이디어를 덧붙여 배운 내용들을 체계화시키게 된다. 이렇듯 적절한 네이밍 작업은 우리의 사고를 자극하

43　더그 레모프의 책 『최고의 교사는 어떻게 가르치는가』에 소개된 내용.

면서 확장시키는 역할을 한다.

감정이나 통증을 구체적으로 표현하기

나는 재활 전문가인 온트재활의학과 김동현 원장님의 이야기를 들으며 또 다른 관점에서 네이밍의 가치를 인식할 수 있었다. 만성적인 통증을 호소하는 환자일수록 자신의 통증을 말로 표현하지 못하는 경우가 많다고 한다. 어떻게 아픈지 물어보면 "그냥 아파요. 잘 모르겠어요."라고 답하는 경우가 흔하다는 것이다.

"뭉친 느낌이에요."

"날카롭게 찌르는 것 같아요."

김동현 원장님과 이야기를 나눌 때마다 부상과 재활 등에 관한 새로운 시각을 접할 뿐 아니라 코칭 아이디어도 많이 얻곤 한다.

"누가 위에서 누르는 것 같은 통증이에요."

이렇게 환자가 자신의 몸이 보내는 신호를 구체적으로 알려줄수록 의사가 정확한 진단을 할 확률도 높아진다는 이야기를 김동현 원장님으로부터 들었다. 환자가 자신의 증상을 보다 명확하게 표현할수록 의사는 여러 해부학적 검사, 기능적인 테스트에서 놓칠 수 있는 가능성을 폭넓게 고려할 수 있다. 진단과 처방의 질이 높아질 수밖에 없다.

 어릴 때부터 통증을 인지하고 표현하는 연습을!
(김동현 원장님과의 대담)

구체적인 언어로 자신의 몸의 감각이나 감정을 표현하는 것도 어느 정도는 훈련의 결과라고 할 수 있다. 사회전반적으로 자기 표현에 인색하고, 참고 견디는 것을 미덕으로 간주해온 문화 탓에 몸의 느낌이나 마음의 상태를 말로 표현하는데 어려움을 겪는 선수가 많다. 여전히 미디어는 '부상투혼', '팀을 위한 희생'을 칭송하며 선수가 스스로를 돌보는 일을 이기적인 행동으로 여기는 경향이 있다.

"조금 아프다고 빠지려고 그래? 야. 우리 때는.."

몸이 아프거나 마음이 힘들 때 인내와 팀워크만을 강조하며 곱지 않은 시선을 보내는 코치와 오랜 시간을 보낸 선수가 자신의 몸이 보내는 신호에 민감해지기는 쉽지 않다. 코치로부터 자신을 보호하기 위해 몸이 보내는 신호를 무의식적으로 차단할 가능성이 높다. 그러면서 점점 자신의 생각, 감각, 감정과의 연결이 끊어지게 된다.

나 또한 내면에서 보내는 신호에 무척 둔감하구나 하는 사실을 비폭력대화를 연습하며 실감할 수 있었다. 비폭력대화에서는 감정을 구체적으로 표현하는 연습을 하며 자신의 욕구를 알아차리는 작업을 한다[44]. 나 역시 자신의 감정을 솔직하게 표현하는 것이 '남자답지 못하고, 나약한' 모습이라고 사회로부터 오랜 시간 가스라이팅(!)을 당해 온 대한민국의 중년 남성이라 그런지 감정에

---

[44] 비폭력대화에서 소개하는 감정(느낌)을 표현하는 단어의 예.
가벼운, 뭉클한, 안심한, 편안한, 흐뭇한, 고마운, 뿌듯한, 자랑스러운, 평온한, 흥미로운, 기쁜, 생기가 도는, 즐거운, 평화로운, 든든한, 신나는, 충만한, 홀가분한, 힘이 솟는, 충만한, 감격스러운, 기쁜, 불안한, 걱정되는, 두려운, 무서운, 지루한, 답답한, 화나는, 짜증나는, 찝찝한, 우울한, 슬픈, 괴로운, 당혹스러운, 부담스러운, 낙담한, 실망스러운, 불편한, 절망적인, 고통스러운, 난처한.

어울리는 단어를 떠올리는데 어려움을 겪었다. 특히 나의 경우에는 부정적인 감정을 드러내고 싶을 때 '답답하다'라든가 '화가 난다'와 같은 몇 가지 단어 밖에 떠오르지 않았다. 그러다 어느 순간 내가 '짜증난다'는 말을 특히 자주 사용한다는 것을 알게 되었다.

농구를 하다가 우리 팀의 패스가 잘 돌지 않을 때도 '짜증나.' 야구를 보다가 응원하는 팀이 에러를 해도 '짜증나.' 운전을 하다가 길이 막혀도 '짜증나.' 아내가 잔소리를 해도 '짜증나.'였다. 이런 표현 습관을 알아차리고 나서 나는 '짜증난다'는 말을 하고 싶을 때 바로 말로 표현하지 않고 지금 일어난 감정을 잠시 동안 가만히 들여다보기로 했다. 그리고 다른 단어로 표현하는 연습을 했다. 어떤 경우는 짜증난다고 말하고 싶은 감정이 실은 불안함에 가까웠다. 우울함, 분노, 조급함, 슬픔, 지루함 등의 감정을 짜증난다고 퉁쳐서 말해왔음을 알게 되었다.

"내가 지금 우울하구나."

"내 마음이 실망하고 있구나."

"걱정스럽고 불안하구나."

음식 냄새를 맡으면 자동으로 침을 흘리는 강아지처

올라온 감정에 이름을 붙이기 어려울 때 나는 한국비폭력대화센터에서 제작한 그로그GROK 카드를 이용했다. 다양한 감정을 표현하고 있는 카드를 훑어보면서 지금 일어난 감정을 가장 잘 반영하고 있는 카드를 선택했다. 카드를 이용해 나는 감정을 이해하는 작업을 보다 수월하게 할 수 있었다.

럼 '짜증난다'는 말을 습관적으로 내뱉지 않고, 그 말 뒤에 숨어 있는 감정의 실체를 파악하는 연습을 하며 나는 조금 더 빨리 부정적인 감정으로부터 빠져나올 수 있었다. 일단 감정을 살펴보려는 의도 자체가 일어난 감정의 힘을 빼는 효과가 있었다.

가끔은 감정에 연결되어 있는 내 안의 신념이나 사고 패턴을 알아차리는 기회가 되기도 했다. '아. 나는 다른 사람에게 피해를 주면 안 된다는 믿음에 과도하게 집착하고 있구나.' '나는 부끄러움이라는 감정을 회피하기 위해 그동안 어리석은 선택을 반복해왔구나.' 이런 알아차림은 내가 삶의 새로운 영역으로 발을 디딜 수 있도록 힘을 불어넣어 주었다.

하지만 습관이란 정말 강력해서 지금도 여전히 '짜증나'라는 말이 입에서 툭 튀어나오곤 한다. 그럴 때마다 나는 '지금 이 짜증의 정체가 뭐지?' 하고 스스로에게 물으며 내 마음에 돋보기를 들이댄다. 나는 이렇게 감정에 이름을 붙이는 작업을 하며 내 마음 속에 생각과 감정의 지도가 있다고 상상한다. 지도 위를 다니며 그동안 이름이 없던 곳에 하나하나 이름을 붙여 나가는 과정이라 생각한다. 지도 위에 표시된 이름이 많을수록 나는 그 마음의 지도를 더 유용하게 사용할 수 있을 것이다.

메모와 코치의 감정 컨트롤

2022년 월드시리즈 2차전. 0대2로 지고 있는 1회말 투아웃 3루 상황에서 필라델피아 필리스는 아쉬운 수비 실수로 한 점을 더 내준다. 감독 입장에서는 속에서 천불이 나는 상황. 방송 카메라는 그 순간을 기다렸다는 듯이 바로 롭 톰슨 감독을 클로즈업해서 비춰준다. 톰슨 감독이 들고 있는 종이에 무언가를 적고 있는 모습이 중계 화면에 잡혔다. 나는 그 장면을 보면서 혹시 '욕을 적었나?' 하는 혼자만의 농담을 했다. 그러다 문득 경기 중에 무언가를 적는 바로 그 행동이 갖는 의미에 대해 생각해 보았다.

감독이나 코치가 경기 중에 펜을 들고 기록하는 모습을 미국과 일본 야구에서는 흔하게 볼 수 있다. 몇 년 전 소프트뱅크 호크스의 3군 팀이 우리나라를 돌며 연습경기를 한 적이 있다. 그 경기를 현장에서 관람할 때 눈에 들어온 장면도 코치들이 경기를 보며 계속해서 노트에 적는 모습이었다. 마이너리그도 직접 경기장에서 관람한 경우가 제법 되는데, 코치들 상당수는 수첩이나 종이에 기록원이 기록을 하듯 저마다 무언가를 계속 적고 있었다.

무엇을 적나 궁금해서 가까이 가서 보니 코치들마다 적는 내용들이 조금씩 달랐다. 기록원처럼 기록지 형식의 차트를 채워나가는 코치도 있었고, 경기 상황을 자신만의 방식으로 정리하는 코치도 있었다. 어떤 코치는 경기를 마치고 선수에게 해주고 싶은 이야기를 적기도 했다.

일본 소프트뱅크 호크스 3군 팀, 미국의 마이너리그팀과 리틀야구팀 코치가
경기 중에 기록을 하는 모습.

기록은 일단 1차적으로 데이터로서의 가치가 있다.

경기 중에 벌어진 일을 직접 기록하고 정리하는 시간을

통해 코치는 팀과 선수에 대해 보다 객관적으로 인지하게 된다. 백핸드 캐치를 놓쳤는지, 송구가 땅볼이 되며에러가 나왔는지, 투수가 안타를 맞고 커버플레이를 제대로 들어갔는지 등등 기록지에는 담지 못하는 플레이의세밀한 부분을 기록해 두면 일반적인 데이터 분석을 통해서는 알 수 없는 문제를 발견할 수 있다. 경기를 마치고 보다 구체적으로 피드백을 해주는데도 도움이 된다.

나는 코치가 경기를 보며 무언가를 적는 행동이 비단정보의 측면뿐만 아니라 코치의 감정 컨트롤에도 큰 도움이 되지 않을까 오랜 전부터 생각해 왔다. 경기가 뜻대로 풀리지 않으면 지켜보는 코치의 마음에는 여러 감정이 올라온다. '감정이 솟구친다'는 표현처럼 감정은강력한 에너지를 품고 있다. 순간적으로 일어난 분노의감정에 사로잡혀 거친 말과 행동을 쏟아낸 경험이 누구나 있으리라 생각한다. 감정은 이성을 마비시킨다. 이성이 자리를 잃은 입은 거칠어지고, 표정은 자신도 모르게일그러진다. 감정이 강력한 파도를 일으키며 마음을 지배하는 상황을 그대로 방치하면 말과 행동에서 실수를할 가능성도 그만큼 높아진다. 관심과 애정의 표현이라고 포장을 하곤 하지만, 일부 지도자들이 선수들에게 보여주는 몰상식한 언행도 결국은 일어난 감정을 제대로 컨트롤하지 못하기 때문에 나타나는 모습이라고 할 수 있다.

하지만 롭 톰슨 감독이 보여준 모습처럼, 감정이 요동쳐도 전혀 이상하지 않을 '바로 그 상황'에서 펜을 들고 무언가를 적으면 어떤 일이 벌어질까? 적는 행동 자체가 감정에 쏟아지고 있는 주의를 다른 곳으로 돌리는 작용을 한다. 선수가 타석과 마운드에서 루틴을 가져가는 이유와 같다. 많은 선수들이 배트를 한번 쳐다보거나 파울 폴대를 보면서 심호흡을 크게 하는 등 자기 나름대로 정한 특정한 행동을 실천하면서 방금 일어난 생각과 감정으로부터 빠져나오는 루틴을 실천하고 있다. 노트에 무언가를 적는 행동도 선수의 그런 루틴처럼 코치의 마음에 작용하게 된다.

내용이 무엇이든 간에 펜을 집어 들고 종이에 적는 5~10초 정도의 시간 동안에도 활화산같은 감정은 누그러질 수 있다. 감정이 어떻게 그렇게 순식간에 사라지냐고 의문을 가지는 분도 있으리라 생각한다. 그런 분들을 위해 이런 예를 하나 들어볼까 한다. 배우자나 연인과 심하게 다투는 와중에 친구에게서 전화가 온다. 잠깐 통화를 하고 다시 싸움을 이어나가려고(!) 하는데 상대를 향한 불같은 분노의 감정은 이내 사그러든 상태다. 감정이 이전 같지 않으니 싸울 의지도 스르륵 잠잠해진다. 어떨 때는 서로의 얼굴을 바라보며 어이가 없어서 웃기도 한다. 내가 실제로 겪었던 일이고 비슷한 경험을 누구나 한 번쯤은 했으리라 생각한다.

파리 올림픽 사격 여자 25m 권총에서 금메달을 딴 양지인 선수는 긴장되거나 생각이 복잡할 때 떠오른 말이나 감정을 그대로 종이에 적으면서 마음을 다잡는다고 한다[45]. 애써 긍정적인 말을 적으며 긴장과 불안으로부터 벗어나려고 애쓰지 않는다. '뭐부터 적어야 하지' '떨린다' '내일 어떡하지' '이길 수 있을까' 이렇게 떠오르는 생각을 그대로 글자로 옮긴다. 양지인 선수는 그렇게 머릿속 생각을 종이 위에 적는 과정이 마음을 정리하는데 도움이 된다고 글쓰기의 긍정적인 효과를 소개하고 있다. 특별한 일이 있어서 적는 것이 아니다. 적다 보면 특별한 일이 생긴다.

---

45 조선일보 2024년 8월 3일 기사 '대충주의자' 양지인 "긴장요? 개최국 상대 선수가 더 떨렸겠죠"

명보야, 밥 먹자

우리는 뿌리깊은 존댓말 문화 속에서 살고 있다. 어리거나 조직 안에서 지위가 낮은 쪽은 존댓말을 하고, 나이가 많거나 직급이 높을수록 자연스럽게 반말을 한다. 한 쪽이 일방적으로 존댓말을 하는 관계는 대화의 분위기도 달라질 수밖에 없다. 극존칭을 나타내는 다양한 표현이 발달한 일본에 수직적인 위계 질서가 강력하게 작동해온 점은 언어가 사회 구조와 사람들의 의식에 미치는 영향을 짐작하게 해준다. 그래서 사용하는 말을 바꾸어 개인의 사고와 집단의 의식에 변화를 주려고 실험하는 사람들이 있다.

국어학자인 경희대학교 김진해 교수는 반말 수업을 진행한다[46]. 김진해 교수가 출석을 부를 때 학생들은 "예!"라고 대답하지 않고 "응!" "어!"라고 답한다. 학생들은 교수에게 "진해, 네 생각은 어때?" 하면서 질문한다. 김진해 교수는 우리가 언어의 질서 속에서 산다고 말한다. 의식하지 않으면 자신이 사용하는 말의 질서

---

46   농촌여성신문 2023년 12월 8일 기사 '이미 내 속에 있는 것 바꿔 나
     가는 게 배움'

에 따라 살게 된다고 하며 언어가 삶에 미치는 영향력을 강조한다. 그의 반말 수업은 저마다의 내면에 자리 잡은 언어의 질서를 흔들어 깨우는 작업이다. 김진해 교수에게 배움이란 이미 내 속에 있는 것을 바꿔 나가는 과정이다. 서로 반말을 하는 관계가 학생들이 자신의 말을 명령이 아니라 생각을 약간 촉진시켜주는 역할로 받아들이게 만드는 것 같다며 반말 수업의 긍정적인 측면을 말한다.

고등학교 교사인 이윤승 선생님도 학생들과 반말로 대화한다[47]. 학생에게 반말을 허락하는 것은 자신을 보다 권위있는 존재, 더 큰 권력을 가진 존재로 받아들이지 않았으면 좋겠다는 선언이다. 교사가 권위를 앞세울수록 학생들의 학습에는 그다지 좋은 영향을 미치지 않는다고 믿기 때문이다.

"교사들은 쉽게 권위에 취하기 좋아요. 그 직업 자체가. "차렷" 하면 모두 차렷하고 "손 머리 위로", "앞으로 나란히" 하면 모두 똑같이 하잖아요. 똑같이 하지 않으면 질타하고. 그럴 수 있는 상황이 어디 있겠어요? 살면

---

47 닷페이스 유튜브 '학생이 이 선생님에게는 반말을 한다'

서? 그런 상황을 매일매일 매시간 목격할 수 있는 사람이 교사거든요. 그러면 당연히 권력에 취할 수밖에 없어요."

이윤승 선생님의 반말 대화는 학생들이 교사의 권위에 맹목적으로 순종하면서 자신의 사고를 억압하지 않도록 하는 하나의 방편이다.

게이오기쥬쿠고등학교의 모리바야시 다카히코 감독도 선수들이 자신을 '감독님'이 아닌 '모리바야시씨'로 부르게 한다. 감독과 선수가 완전히 수평적인 관계가 될 수는 없지만 서로를 부르는 호칭이라도 바꾸면 선수가 하고 싶은 말을 조금이라도 편하게 할 수 있다고 생각하기 때문이다. 실제로 자신이 중학교 시절 경험했던 일이기도 하다. 당시 야구팀의 감독은 모든 선수들에게 '감독님'이 아니라 자신의 이름을 부르게 했다고 한다. 모리바야시 감독은 "우에다씨" 이렇게 감독의 이름을 부르며 다가갔을 때 확실히 거리감이 줄어드는 느낌을 또렷이 기억하고 지금 지도하는 선수들에게도 똑같이 적용하고 있다.

2002 월드컵 신화를 만든 히딩크 감독이 그라운드 안에서 서로의 이름을 부르게 한 일화도 유명하다. 경기

장 안에서까지 선후배의 위계가 지배하면 경기에 부정적인 영향을 미칠 수밖에 없다. 여러 중요한 의사결정의 순간에 팀을 위한 최선의 선택이 아니라 고참 선수의 결정에 과도하게 의존하게 된다. 선배의 실수는 그냥 넘어가도 후배의 실수는 혹독하게 비난을 받기도 한다. 히딩크 감독은 우리 고유의 선후배 문화가 경기장 안에서 최고의 플레이를 펼치는데 장애로 작용하고 있다고 판단했다. 경기장 안에서 후배 선수들이 선배의 눈치를 보는 모습이 히딩크 감독의 예리한 시선에 포착되었을 것이다. 그는 경기장 안에서만이라도 그런 위계를 없애기 위해 모두가 반말을 쓰고 이름을 부르게 했다. 당시 막내였던 이천수 선수의 "명보야. 밥 먹자"는 그렇게 유행어가 되었다.

○ 코치 라운드 노트 ○
괜찮아

어떤 상황에서 하는지에 따라, 그리고 누가 그 말을 듣는지에 따라 의미가 완전히 다르게 해석되는 말들이 있다. (어쩌면 모든 말이 그럴테지만!) 조마조마한 마음으로 진단 결과를 기다리고 있는 환자에게 의사의 입에서 나온 "괜찮습니다"라는 다섯 글자는 마음을 환하게 물들이는 말이다. 저녁에 가려는 식당의 음식맛이 어떤지 먼저 가본 친구에게 물었더니 무덤덤한 톤으로 "괜찮아"라고 답을 한다. 좋다는 뜻인지 별로라는 뜻인지 가늠하기가 어렵다. 그라운드 안과 밖에서도 자주 들을 수 있는 말이다. 괜찮아!

혼신의 힘을 다한 경기를 지면 선수는 마음을 추스리기가 어렵다. 간절히 승리를 원했던 경기를 지고 나서 벤치에 주저 앉아 눈물을 흘리는 선수들의 모습을 우리는 종종 보곤 한다. 좌절과 실패에 익숙하지 않은 어린 선수들은 단체로 대성통곡을 하기도 한다. 인생을 살면서 여러 단맛, 쓴맛을 다 경험한 어른들은 그런 모습을 보며 귀여워서 웃기도 하지만, 아이들에게는 너무나 비통한 순간이다.

'스포츠를 왜 하는가?' '스포츠의 가치는 어디에 있는 가?'라고 누군가 묻는다면 나는 지는 법을 배우고, 실패 후에 다시 일어서는 법을 배우는데 있다고 답을 하는 편이다. 스포츠를 한다는 것은 어찌보면 실패를 경험하는 시간이다. 어린 선수들이 실패의 아픔으로부터 잘 배우기 위해서는 실패의 순간을 함께 하고 있는 코치와 부모가 보여주는 말과 행동이 중요하다.

선수보다 더 흥분하거나 화를 내면서 실수나 실패를 용납하지 않는 코치나 부모의 문제는 여기서 다루지 않으려고 한다. 그런 어른들이 감정을 주체하지 못하고 쏟아내는 폭언이나 비난의 말들이 선수의 뇌를 손상시키고 멘탈을 갉아먹는다는 이야기는 수많은 멘탈코치와 의학계, 과학계의 전문가들이 이미 전하고 있다. 여기서는 선수를 도와주고자 하는 마음으로 건네는 "괜찮아"와 같은 말도 뜻하지 않은 부작용을 낳을 수 있다는 점을 이야기하려고 한다.

"괜찮아. 다음에 잘하면 돼."

"오늘 우리가 운이 없었다. 그냥 잊고 밥이나 먹으러 가자."

"너는 잘했어. 다른 애들이 실수가 많아서 진거야."

"그만하면 강팀 상대로 잘한거야. 울 필요 없어."

코치나 부모는 낙담하고 있는 선수에게 다가가 이런 말

들을 건넨다. 우리 대부분은 어려움을 겪고 있은 사람을 보면 도와주고 싶은 마음을 가지고 있다. 힘들어 하는 선수를 보면 힘을 북돋거나 위로를 해주고 싶은 마음이 자연스럽게 올라온다. 그런데 그런 위로의 말을 조심해야 한다고 말하는 사람들의 이야기를 몇 차례 접하고 나는 머리가 번쩍하는 느낌이 들었다.

2015년 KBO리그의 와일드카드 경기. 11회말 2사 만루의 상황에서 SK 와이번스의 김성현 선수는 내야의 애매한 지점에 떨어지는 타구를 놓치고 만다. 잡기도 어려웠을 뿐 아니라 제대로 잡았더라도 1루에 던져 타자를 아웃시키기 힘든 타구였다. 경기는 그대로 끝나고 환호하는 상대팀 선수들 사이로 김성현 선수의 낙담하는 표정이 화면에 잡혔다. 그리고는 주장인 조동화 선수가 말없이 머리를 쓰담아 주는 장면이 보였다. 팀의 선배인 이대수 선수도 고개를 숙이고 덕아웃으로 들어가는 김성현 선수의 어깨를 토닥거리는 모습이 보였다. 당시 주장이었던 조동화 선수는 어느 미디어와의 인터뷰에서 이 상황을 이렇게 설명했다[48].

---

48 김유정 기자의 야옹다옹 시리즈 '김성현 실책 감싸 안아준 캡틴 조동화'

"옆에서 괜찮다고 말하면 더 안 괜찮다는 것을 안다. 그래서 말없이 그냥 안아주기만 했다. 괜찮다는 말보다 감싸 안아주는 것이 진정한 위로가 되기 때문이다."

칼 립켄 주니어는 코치나 부모가 건네는 이런 위로의 말들이 아무 도움이 되지 않는다고 자신의 책『Parenting Young Athletes』에 적고 있다. 매년 세계의 어린이들을 초청해 야구대회를 열 정도로 유소년 스포츠에 관심이 많은 그는 누구보다 잘하기를 간절히 원하는 어린 선수에게 이런 말들은 모욕에 가깝다고 말한다. 아이의 세계에서 그 순간은 단순한 경기가 아니라 전부이기 때문이다. 칼 립켄 주니어 역시 위로와 격려의 말 보다는 말없이 가만히 안아주는 것이 더 도움이 된다고 코치와 부모들에게 조언한다. 선수가 지금 느끼고 있는 감정을 바꾸거나 없애려는 마음을 내려놓고 그대로 함께 있어주라는 당부다.

메이저리그에서 손꼽히는 덕장으로 불리는 더스티 베이커 감독도 경기를 망친 선수를 말로 애써 위로하지 말라는 이야기를 한 적이 있다. '아웃카운트를 하나도 잡지 못하고 5점이나 주고 내려왔는데 괜찮다고? 다음에 잘 하면 된다고?' 베이커 감독은 공감은 필요하지만 정직해야 한다고 말한다. 현실에 대한 인식이 달라도, 서로의 생각이 달라도 실천할 수 있는 일이 공감이다. 선수의 플레이가 마음에 들지 않지만 그와 무관하게 공감할 수 있다. 선수가 지금 느끼고 있는 감정과 함께 있어주기만 하면 되기 때문이다.

데릭 존슨 코치도 '정직하게 함께 있기(Be Honest Be Together)'가 코치의 중요한 덕목이라고 한국 코치들과의 클리닉에서 이야기했다. 일어난 일을 애써 긍정적으로 해석하려 하지 말고 정직하게 마주하되, 선수가 느끼고 있는 좌절감, 낭패감 등에는 공감하려고 노력하는 태도라고 이 문장의 의미를 설명해 주었다. 존슨 코치는 힘든 경기를 한 선수는 가볍게 안아주거나 어깨를 토닥거리는 것 외에는 특별한 말을 건네지 않는다고 한다.

 눈물을 흘리는 선수를 말없이 안아주고 있는 코치의 모습

나는 이런 이야기들을 접하며 "괜찮아!"로 상징되는 그런 위로의 말들은 어쩌면 힘들어 하는 선수의 모습을 지켜보는 사람의 마음이 불편하기 때문에 하는 말일지도 모르겠다는 생각이 들었다. 자신의 불편한 감정으로부터 벗어나기 위한 말!

나에게 비폭력대화의 세계를 안내해 준 스승이신 비폭력대화 톡앤톡 이윤정 대표님과 위로와 공감의 미묘한 경계

에 대해 이야기를 나눈 적이 있다. 이윤정 대표님은 비록 좋은 의도로 건네는 말이기는 하지만 그런 위로의 말들은 선수의 감정을 부정하는 말로 작용할 수 있다는 말씀을 하셨다. 선수가 지금 일어난 감정을 충분히 느낄 기회를 방해하기 때문이다.

오랜 시간 나의 일을 응원해주신 이윤정 선생님과의 대화는 이 책을 쓰게 된 가장 큰 동기가 되었다.

괜찮다는 말을 조심해야 하는 이유
(비폭력대화 톡앤톡 이윤정 대표님과의 대담)

무언가를 배우는 가장 좋은 방법은 그 대상을 처음부터 끝까지 온전히 경험하는 일이라고 할 수 있다. 감정도 마찬가지다. 일어난 감정을 충분히 느끼는 시간, 감정과 하나가

되어 오롯이 머무는 경험을 통해 우리는 감정을 이해하고 컨트롤하는 법을 배울 수 있다. 어린 시절 자신에게 일어난 감정을 온전히 경험하지 못한 사람들은 성인이 되어 감정 조절에 어려움을 겪는 경우가 많다. 코치나 부모가 선수의 아픔을 위로해 준다는 핑계로 스스로 슬픔과 분노를 겪을 시간을 차단해 버리면 선수는 감정과 지혜롭게 관계를 맺는 법을 익힐 기회를 놓치게 되는 셈이다.

말이 통하지 않아
더 잘 통했던 기억

나는 2016년 1월에 오키나와에서 열린 야구 캠프에 참가했다. 지금은 프로구단의 트레이너로 일하고 있는 스티브 홍 코치가 주최한 행사로 야구 기술 훈련과 트레이닝, 영양, 멘탈 등의 정보를 공유하는 캠프였다. 'KinetIQ Konnect XL'이라 불린 그 캠프는 색다른 형식으로 운영됐다. 한국과 일본, 미국 세 나라의 선수, 코치, 트레이너, 교수들이 모여 서로의 경험을 공유하면서 아이디어를 주고받는 방식이었다. 그때의 강렬했던 체험은 이후에 코치라운드 컨벤션이나 여러 코치 모임을 진행하는데 큰 도움이 되었다.

인상 깊은 모습들이 많았지만 나의 기억에 또렷이 남

아 있는 장면이 있다. 한국과 일본의 선수들이 함께 훈련을 하다가 잠시 쉬는 시간이 되었다. 통역도 자리를 비운터라 선수들은 아주 기본적인 영어, 한국어, 일본어를 마구 섞어가면서 의사소통을 했다. 단어를 모를 때는 온갖 몸짓과 손짓으로 말을 대신했다. 굉장히 집중하면서 상대가 무슨 말을 하려는지 이해하고자 하는 선수들의 노력이 느껴졌다. 상대의 몸짓이 무엇을 의미하는지 알아채면 "오케이. 그렇지." 하면서 마치 대단한 발견이라도 한 것처럼 환하게 웃으며 호응해 주는 모습을 보며 나는 '좋은 대화란 무엇인가'에 대해 생각했다. 말이 통하지 않는 선수들 사이에 주고받는 불편한 대화는 내가 본 최고의 대화 장면 중 하나였다. 그들은 말이 통하지 않았기에 오히려 더 잘 통하고 있었다. 지금도 나는 가끔 코칭언어스터디나 코치들의 공부 모임을 준비하면서 그때 그곳에서 선수들 사이에 흐르던 공기를 떠올린다. 코칭에서 말의 역할에 대해서도 다시금 고민해 보곤 한다.

코칭을 말이라는 테마와 엮어 글을 쓰다보니 겸연쩍은 마음이 올라온다. 나 역시 반면교사로 삼기에 충분한 말실수, 감정을 통제하지 못하고 쏟아낸 거친 말들, 때

와 장소에 어울리지 않는 부적절한 표현들을 제법 많이
하며 살고 있기 때문이다. 내가 잘하는 분야였다면 말이
라든지 언어에 대해 이렇게 관심을 가지지도 않았을 것
이다. 나는 이 책을 쓰는 내내 내 안에서 일어나는 부끄
러움과 싸워야 했다. 그럴 때마다 나는 자기돌봄의 말을
스스로에게 건네면서 글을 이어나갔다. "부족하다고 느
껴지지만 이게 나야." "여기까지 쓴 것도 대단해." "사람
들의 평가가 두렵지만 이렇게 나의 생각을 드러낸 게 자
랑스럽기도 해."

　가끔은 코치분들로부터 하소연을 듣곤 한다. 선수의

입장에서 공감하고 경청하는 대화를 하고 싶은데 잘 되지 않는다고. 핵심만 분명하게 말해주고 나머지 사소한 것들은 스스로 돌아보도록 하고 싶은데 또 이것저것 다 말해버렸다고. 혼자만 떠들고 나면 마음이 허전하다고. 자기도 모르게 버럭 화를 냈다고. 실수로부터 배우고, 스스로를 친절하게 대하는 태도는 코치에게도 필요하다. 이 책이 그런 코치분들에게 작은 위로와 힘이 되었으면 좋겠다.

선수를 깨우는 코치의 말

초판 1쇄 인쇄 2024년 10월 18일
초판 1쇄 발행 2024년 10월 21일

지은이   최승표
편집   코치라운드
디자인   정면(본문) 조재영(표지)
펴낸곳   코치라운드

출판등록   2022년 2월 8일 신고번호 제2022-000020호
주소   경기 용인시 기흥구 동백7로 96 2315-1901
전자우편   choopa3000@gmail.com
홈페이지   www.coachround.com

ISBN 979-11-981407-0-8(03690)